화에 대하여

De Ira
by Lucius Annaeus Seneca

Korean Translation Copyright © 2013 by Sa-I Publishing.

화에 대하여

루키우스 안나이우스 세네카 | 김경숙 옮김

사이

차례

서문 1 세네카, 정치인이자 철학자인 그의 삶에 대하여 · 7
서문 2 「화에 대하여」, 세네카가 쓴 화에 대한 철학적 통찰과 사색 · 18

제 1 권 : 화에 대하여 I

인간의 화는 어떤 특성을 갖고 있는가 · 29
앙갚음에 집중하는 화는 인간의 본성인가 · 39
화는 과연 필요한 것인가 · 47
꾸짖되, 화내지 말라 · 58
이성이 더 강한가, 화가 더 강한가 · 66
화는, 바람처럼 공허하다 · 73

제 2 권 : 화에 대하여 II

화는 마음의 동의하에 일어난다 · 83
사악한 행동에 대해서 화를 내는 것은 옳은가 · 89
화는 두려워할 만한 것인가 · 98

화를 마음속에서 완전히 떠나보내는 것은 가능한가 · 104
화는 솔직함이 아닌, 분별없음의 표현 · 109
화는 어려서부터 양육이 좌우 · 113
화를 피하기 위한 사전 조건 · 121
화의 최대 원인은 "나는 잘못한 게 없다"는 생각 · 128
화를 유예시켜야 하는 이유 · 134
화를 내어 이기는 것은, 결국 지는 것이다 · 137
화를 폭발시키는 당신, 자신의 모습을 거울로 보라 · 148

제 3 권 : 화에 대하여 Ⅲ

상대를 파멸시키기 위해 자신이 파괴되는 것도 불사하는 것이 화다 · 157
화는, 마음속 전쟁이다 · 166
화에 대한 대비책, 자신의 감정을 선동하지 말라 · 173
화에 대한 최고의 치유책은 유예와 숨김이다 · 182
극한의 상황에서도 화를 감춘 사람들 · 188
화를 권력인 양 행사하는 사람들 · 193
화를 내지 않고 온화함으로 받아넘긴 사람들 · 206
화가 당신을 버리는 것보다, 당신이 먼저 화를 버려라 · 215
다른 사람이 나보다 많이 가졌다고, 신에게 화내지 말라 · 221
그저, 조금 뒤로 물러나 껄껄 웃어라! · 232
타인의 화를 진정시키는 법 · 239
화를 내며 보내기에는 우리의 인생은 얼마나 짧은가 · 243

일러두기

1. 이 책의 서문과 본문은 Lucius Annaeus Seneca의 『De Ira』와, Richard M. Gummere의 『Seneca: Moral Essays, Volume I』(Loeb Classical Library)과 John M. Cooper의 『Seneca: Moral and Political Essays』(Cambridge University Press) 중 「On Anger」를 주 텍스트로 삼았습니다.

2. 이 책의 각주는 주 텍스트로 삼은 책과 함께 Robert A. Kaster와 Martha C. Nussbaum의 『Anger, Mercy, Revenge』(University Of Chicago Press)와, Tobias Reinhardt와 John Davie의 『Seneca: Dialogues and Essays』(Oxford University Pres)도 참고하였습니다.

3. 이 책에 나오는 인명, 지명 등은 모두 라틴어 표기 원칙에 따라 표기했습니다.

서문 1

세네카,
정치인이자 철학자인
그의 삶에 대하여

부침이 많은 정치인으로서의 삶

루키우스 안나이우스 세네카.

　그는 기원전 4년 로마제국 초대 황제인 아우구스투스의 치하에서 에스파냐의 부유한 기사인 마르쿠스 루키우스 안나이우스 세네카와 헬비아 사이에서 3형제 중 둘째아들로 태어났다. 그의 아버지는 변론술이 뛰어난 사람이었는데, 당시 그가 직접 저술한 변론술의 교본은 지금도 전해져 올 정도로 유명하다.

　세네카가 어렸을 때 그와 가족들이 로마로 이주해오면서 그는 로마에서 교육을 받게 된다. 아버지의 권유에 따라 정치가가 되기 위한 교육을 받게 되는데, 주로 변론술과 수사학, 철학

등을 공부하게 된다. 그는 아버지의 기대와 달리 어린 시절부터 특히 철학에 마음이 끌렸던 것으로 보인다. 이 시기에 세네카는 스토아 철학자인 아탈로스, 파피리우스, 소티온 등에게서 철학을 배우며 그들로부터 많은 영향을 받은 것으로 알려져 있다. 철학에 대한 그의 열정은 20대에 온전히 철학 공부에 열중하게끔 만든다.

정계에 진출하기 위해 교육을 받기도 했지만 20대 초반에 폐결핵으로 의심되는 병에 걸려 6년이나 앓기도 했다. 그는 평생 여러 가지 병으로 고생했는데 천식으로 고통받았고, 우울증으로 자살 시도도 여러 차례 한 것으로 전해져 온다. 그러면서 정치 무대에 등장하는 시기는 점차 늦춰졌다. 30세 무렵에는 병세가 호전되지 않아 이집트의 알렉산드리아에서 4년간 요양을 하느라 가뜩이나 늦춰진 그의 정계 진출은 더욱더 늦춰지게 된다.

결국 34세의 늦은 나이에 재무관으로 정계에 입문하게 되지만 입문한 후에도 그의 입지는 위태로웠다. 그는 메살리나 여제의 음모에 연루되어 당시 황제인 클라우디우스에 의해 로마제국 내에서도 가장 황량한 지역 중 하나로 알려진 코르시카섬에서 8년 동안 유배생활을 해야 하는 불명예를 얻게 된다. 그곳에서 쓰라림의 감정이 교차하는 자괴의 세월을 참아내야 했지만 그렇다고 8년의 세월을 허송세월한 것은 아니다.

...

세네카. 정계에 입문할 당시에도 힘겨웠지만 그가 살아온 시대 또한 격정의 소용돌이 시기였다. 그의 철학은 바로 그런 시대적 배경 속에서 탄생되었다고 해도 과언이 아니다.

 거칠고 황폐한 유배지에서의 삶이 철학자 세네카에게 나쁜 것만은 아니었다. 이 시기에 그는 많은 저술을 할 수 있었는데, 그는 그곳에서 자연과학과 철학을 공부하고 자기 성찰을 통한 수많은 글을 쓰면서 『위로문』이라는 제목으로 3편의 글을 쓰게 된다. 이때 집필한 것이 「화에 대하여」, 「여가에 관하여」, 「인생의 짧음에 대하여」다. 제목이 알려주듯, 당시 집필한 책들은 주로 사람들의 마음의 질병 혹은 고통을 치유하는 내용을 담고 있다.

네로와의 애증의 관계

 8년이라는 세월을 유배지에서 보내는 동안, 마침내 그는 다시 로마로의 복귀의 부름을 받는다. 하지만 이때 그에게 손을 내민

수에토니우스는 네로의 머리를 "곱슬머리가 층을 이룬"이라고 묘사했는데, 이런 머리 모양은 그리스 왕실 초상에서 따온 것이다. 또한 개성 있는 얼굴에서도 전통과의 뚜렷한 단절을 볼 수 있다.

사람은 바로 네로의 어머니인 아그리피나였다. 그녀가 세네카에게 맡긴 임무는 당시 열두 살이었던 그녀의 아들 네로의 가정교사 역할이었다. 자신의 의지와는 상관없이 그에게 맡겨진 이 직책은 일종의 숙명적인 자리로, 이때부터 세네카와 네로와의 떼려야 뗄 수 없는 관계가 시작된다.

어찌 됐든 로마로 돌아와 다시 정계에 복귀한 세네카는 5년 동안 젊은 네로의 가정교사이자 스승의 역할을 해왔으며, 54년 네로가 로마의 제5대 황제가 될 때까지 이 역할을 담당했다. 황제가 된 후에는 10년간 그의 곁에서 정치적 자문 역할을 수행하며 그의 곁을 지키게 된다. 하지만 그와의 첫 만남이 있은 지 15년 후, 네로는 자신이 스승이자 참모였던 세네카에게 그의 가족과 아내가 지켜보는 앞에서 자살하라는 명령을 내리게 된다.

네로는 황제의 자리에 오른 처음 5년 동안은 선정을 베풀었다. 그 기간은 절제 있고 책임 있는 정부가 이끄는 황금시대로 기억된다. 네로는 근위대에 막대한 기부금을 제공하고 원로원에게는 아우구스투스의 원칙으로 돌아가겠다는 연설을 했다. 그래서 원로원의 역할이 더 커지고 좀 더 자유롭게 견해를 피력할 수 있게끔 하겠다고 했다. 마음을 사로잡는 이러한 연설을 작성한 사람이 바로 세네카였다. 이렇게 집권 초기에는 신중함과 절제가 있었다.

하지만 네로의 처세는 해를 거듭하면서 점차 변하기 시작했다. 두 명의 아내, 이복형제, 그리고 어머니마저 살해하는 등 점차 광기로 얼룩진 잔혹성을 내뿜었다. 또한 반역 재판이 유배, 처형, 자살로 이어지며 원로원 의원들과 조정 사이에 두려움과 적개심이 번져갔다. 세네카는 네로가 이미 자신이 지탱해줄 수 없는 지경까지 타락해버렸다는 것을 통감하며 대변혁의 필요성을 생각하게 된다.

하지만 결국 그의 무시무시한 폭정과 광기에 위태로움을 느낀 세네카는 두 차례나 자신의 사임을 건의했지만 두 번 다 네로의 반대로 무산되었다. 네로는 세네카를 꼭 감싸 안으며, 사랑하는 스승을 해치느니 자신이 죽고 말겠노라고 맹세했다. 하지만 네로는 자신의 맹세를 지키지 않았다. 이후 네로와의 불편한 관계를 이어갈 수밖에 없었던 세네카는 자신의 죽음까지 3년이라는 시간 동안 큰 고뇌의 시간을 보내게 된다. 그는 이때 네로에게 충고하는 글인 「관용에 대하여」라는 글을 쓰기도 했다.

결국 은퇴하여 관직에서 물러나게 된 세네카는 로마 외곽에 거처를 마련하고 그곳에 거주하며 오로지 학문과 집필 활동에 몰두하여 뛰어난 철학서들을 후세에 남기게 된다. 그러던 중 원로원 의원, 기사와 장교, 철학자에 이르기까지 다양한 계층의 사람들이 65년 4월 네로를 암살하기로 한 계획인 〈피소의 음모〉에 동참하는데, 이때 세네카는 이 반란에 연루되었다는 의심을 받게 되면서 그의 적들로부터 고소를 당하기에 이른다. 이에 네로 황제는 정황과 증거를 살펴보지도 않고 세네카에게 반역죄를 뒤집어씌워 즉시 자결하라는 명령을 내린다. 이에 세네카는 한때 자신의 제자이기도 했던 황제의 명을 아무런 저항 없이 받들어 스스로 혈관을 끊고 독약을 마시며 생을 마감했다. 네로는 세네카가 죽은 지 3년 후 서른 살의 나이로 죽게 된다.

철학적 죽음을 맞이하다

로마 외곽, 세네카가 죽기 바로 몇 시간 전. 그는 "세네카는 즉시 스스로 목숨을 끊어야 한다."는 황제의 명령을 전달받는다.

세네카는 울부짖는 그의 아내와 가족, 지인들이 지켜보는 앞에서 황제의 명령대로 발목의 정맥을 끊었지만 이미 노쇠한 몸이어서인지 생명에 치명적일 만큼 피가 빨리 흘러나오지는 않았다. 그래서 독약까지 마셨지만 이 또한 죽음에 이르게 할 만큼의 효과는 나타나지 않았다. 두 번의 시도도 효과가 없자 증기탕 안에 자신을 넣어 달라고 요구해 결국 그곳에서 서서히 질식해 죽어갔다. 그의 죽음에 대해서는 자크 루이 다비드, 로제 리데, 루카 조르다노, 페테르 루벤스 등이 그림으로 묘사하기도 했는데, 그들의 그림 속에서 세네카는 위엄과 고매한 인격의 현자로 그려져 있다.

    세네카의 최후는 소크라테스의 죽음을 연상시킨다. 그래서 세네카의 죽음은 종종 소크라테스의 죽음과 함께 〈철학적 죽음〉의 상징으로도 평가된다. 자결이라는 명을 받으면서도 그들이 비통한 죽음을 견뎌낸 방식, 가족과 동료, 제자들이 이성을 잃고 흐느끼며 울부짖는 가운데 너무나도 침착하고 평온하게 최후를 맞이했던 두 명의 고대 철학자들. 그들은 현실과 극단적인 갈등을 빚을 때도 절대로 의지박약한 모습을 보이지 않았으며, 죽음을 맞이할 때도 같은 자세를 유지했다.

▪▪▪ 자크 루이 다비드가 그린 「세네카의 죽음」. 왼쪽에 발목의 정맥을 끊은 세네카가 보인다. 오른쪽에 울부짖는 여성이 그의 아내다.

▪▪▪ 자크 루이 다비드의 「소크라테스의 죽음」. 소크라테스가 독약을 마시기 직전에 그의 제자와 동료들에게 마지막으로 자신의 생각을 말하고 있는 장면이다.

철학자로서의 세네카

키케로와 함께 로마 최대의 철학자로 평가받는 세네카.

　로마의 제정은 제2대 황제인 티베리우스부터 칼리굴라, 클라우디우스, 네로에 이르는 미친 황제와 어리석은 황제의 통치하에 관용을 망각하고 적의와 분노가 소용돌이치는 시대였다. 세네카는 바로 이런 시대를 살아왔다. 한마디로 그가 살아온 시대는 광기와 정념과 시기와 투쟁이 분출한 시대였다. 음모가 소용돌이친 공포정치가 뚜렷이 드러나 그것이 곪아터진 시대였다. 세네카는 그야말로 소름이 끼치는 공포 속에서 살며 그 시대와 함께, 아니 그 시대를 철학한 것이다.

　그러한 정치적 격랑 속에서 세네카의 삶 또한 많은 부침을 겪었지만, 인간의 심리와 영혼에 대한 그의 통찰은 시대를 뛰어넘는 깊이를 보여준다. 그의 정치적 경험들은 그에게 좌절이 어떤 것이었는지를 가르쳐주는 커다란 사건이 되었고, 그의 지적 능력은 그런 좌절에 대한 일련의 대응을 가르쳤다. 결국 그의 철학은 자신의 삶을 통해 인간의 개인적인 영혼에 대한 부르짖음, 그 구원, 섬세한 온정, 죽음의 응시, 그리고 황제에 대한 선정 권유로 엮어진 것이다.

　세네카는 초기 스토아 철학의 노선을 계승하면서 후기 스토아 철학파를 상징하는 인물이 되는데, 다른 철학에 비해 스토아 철학은 마음, 행복, 돈, 화, 명예부터 노년, 죽음, 인생에 이르기까지 현실적이고 일상적인 문제에 대해 질문하고 답을 찾으려 했다. 그래서 논리학이나 자연보다 윤리에 훨씬 더 강한 관심을 보였으며 평정심을 강조했다. 세네카는 인간이 세속에 물들면서도 인간다운 까닭은 올바른 이성 때문이라는 것과 유일의 선善인 덕을 목적으로 행동해야 한다는 스토아주의를 역설했다. 그 또한 〈마음의 평정〉을 중시하는 철학자로, 이를 위해 감정에 물들지 않으려는 노력을 많이 한 사람이다.

그는 로마제국 제4대 황제인 클라우디우스 치하에서 철학과 윤리학을 쓰기 시작했다. 또한 네로의 치하에서 수많은 철학서를 집필했으며 그의 서간문은 거의 이 시기에 씌어진 것들이다. 그가 남긴 저서로는 주로 철학적, 윤리적 에세이집과 친구 루킬리우스에게 보낸『서간집』, 그리고 비극으로 대표되는 문학작품 등으로 대별된다. 에세이집에는「화에 대하여」,「행복론」등 12편의『대화』와 7권으로 된『자연현상 연구』가 있다.『서간집』은 전 20권 124통의 편지의 형식을 빌려 위로의 말이나 인생의 여러 문제에 대한 생각을 쓴 스토아풍의 실천 윤리에 대한 것이다. 비극작품으로는「오이디푸스」,「트로이아의 여인들」등 9편을 남겼는데, 이들 작품은 르네상스 이후 셰익

스피어 등 극작가들에게 특히 큰 영향을 미쳤다.

세네카의 철학적 저서는 16-18세기에 널리 애독되었으며, 특히 〈제2의 세네카〉라고 불리는 몽테뉴에게 강한 영향을 끼쳤다. 르네상스 시대에는 단테가 세네카를 인용했으며, 17세기에는 한때 로크, 데카르트, 스피노자 등에 의해 스토아 철학이 반발을 샀지만, 18세기에는 세네카에 대한 재평가가 이루어지면서 흄, 루소 등이 다시 그를 주목하게 된다. 20세기 들어서는 유럽에서, 현재는 미국에서 〈삶의 철학〉으로써 스토아 철학과 세네카가 새롭게 조명되면서 일상으로까지 파고들고 있다. 『월든』의 저자 헨리 데이비드 소로도 스토아 철학의 영향을 받아 진정한 삶의 가치를 찾아 월든 호숫가를 찾았다.

"나는 내 삶을 철학의 덕택으로 돌린다. 그리고 그렇게 하는 것이 철학에 대한 나의 최소한의 의무다. 철학이야말로 인간에게 좋은 삶을 가르치는 유일한 최고의 것이다."라는 말로 그는 삶에 대한, 철학에 대한 자신의 열정을 표현했다.

서문 2

「화에 대하여」,
세네카가 쓴 화에 대한
철학적 통찰과 사색

2천 년 전에 집필된 〈화〉에 대한 최초의 책

세네카는 무려 2천 년 전에 화를 다스리는 방법에 대한 최초의 저술인 「화에 대하여」라는 이 책을 썼다. 이 책은 화를 잘 내는 그의 동생 노바투스에게 보내는 편지글 형식의 서간집이다. 1세기 중엽 무렵, 세네카의 동생인 노바투스는 "화를 가라앉히는 방법을 좀 책으로 써달라고" 형인 세네카에게 부탁한다. 그에 대한 화답으로 화란 도대체 무엇이며, 우리는 도대체 왜 화를 내는지, 화는 우리 인생에서 과연 필요한 것인지, 화는 인간의 본성인지, 화를 낼 때 우리의 모습은 어떻게 변해가는지, 화에 대한 해악은 어느 정도인지, 화는 애초부터 싹을 자를 수 있는지, 마지막으로 과연 화는 어떻게 억제하고 다스릴 수 있는지 등을 들려주고 있다. 철학자이자 뛰어난 심리학자로서 인간의 감정에 대한 통찰, 특히 화에 대한 그의 이러한 통찰은 현대의 〈화 다스리기〉 분야에 가장 큰 영향을 끼쳤다.

세네카는 39년부터 2년에 걸쳐 그의 최초의 대작인 이 책 「화에 대하여」를 썼다. 이 책의 제1권, 제2권은 네로 이상으로 광기의 잔인성을 발휘했다고 알려진 로마의 제3대 황제 칼리굴라의 시대에 저술하였고, 제3권은 제4대 황제 클라우디우스가 제위에 오른 이듬해에 집필했다고 전해진다. 결국 독재자 칼리굴라의 적의와 광기가 폭발하고 잔혹정치가 세상을 위협하는 당시 시대적 상황을 겪으면서 자신의 비애에 넘친 경험이 결합되면서 이 책이 나오게 된 것이다.

이 책은 인간의 격정 가운데 가장 격렬하고 무서운 격정인 화에 대하여 매우 정밀한 고찰과 사색을 담은 기록이라고 평가받고 있다. 하지만 이 책에서 그가 들려주는 이야기는 오늘날 우리가 들을 수 있는 조언과 다르지 않다. 화에 대한 최초의 책으로, 2천 년이 지난 현재까지도 그 내용은 많은 공감과 울림을 전하고 있다.

화, 격정 중에서도 가장 파괴적인 격정

당대 가장 유명하고 인기 있는 철학자였던 세네카는 이 책을 통해 인생의 온갖 문제들에 대해 현실적인 조언을 들려주고 있다. 그는 특히 오로지 화라는 주제를 가지고 책 한 권을 쓸 정도로 이 문제를 심각하게 받아들였다. 세네카는 화라는 문제에 대해 각별한 관심이 있었으며 쉽게 격앙되곤 하는 사람들의 마음을 진정시키기를 원했다. 그는 화를 우리가 통제할 수 없는 비이성적 감정의 폭발로 보는 것을 거부하고, 그것을 철학의 문제로 바라보면서 철학 논쟁을 통해 그 해결책을 찾으려 했다.

고대에 화가 지금보다 더 큰 문제로 여겨졌다는 사실이 흥미롭다. 고대 로마인들은 현대인들보다 오히려 더 화를 잘 냈던 것으로 보인다. 돈이 많고 호화롭게 살면 삶이 편안하고 아무 걱정이 없을 것 같지만 사실은 그와 정반대다. 그들은 오히려 기대치가 높아 화를 더 잘 내게 되고 이는 오늘날의 경우에도 마찬가지다. (비행기 1등석 손님이 더 불평이 많고 요구사항이 까다로운 것처럼 말이다.) 네로의 지하궁궐을 거닐다 보면 왜 세네카가 화에 대해 그토록 큰 우려를 갖고 있었는지를 짐작할 수 있다. 네로는 절대 권력을 가진 사내였고 사람들은 사자에게 던져지고 검투사들은 목숨을 내놓고 싸울 수밖에 없었으며, 이 모든 것이 결국은 그의 화 때문이었다.

  동생 노바투스가 세네카에게 요청한 것은 〈화란 무엇인가〉가 아니라 〈어떻게 하면 화를 진정시킬 수 있는가〉에 대한 답이었다. 즉 화라는 감정의 〈치료〉에 대한 실질적인 질문이었다. 하지만 세네카는 단순히 질문에 대한 응답의 틀을 벗어나 〈격정 중에서 가장 위험한 격정〉인 화에 대하여 자세히 논하고 있다.

  어쨌거나 동생의 요청에 화답하여 글을 쓰는 것은 당시 격식 있는 서간문의 오랜 관습이었으며, 이 글에서 세네카가 〈너〉라고 칭하는 상대는 동생 노바투스 개인뿐만 아니라 보다 폭넓은 대상을 의미한다고 봐야 할 것이다. 세네카가 노바투스의 청에 응답한 형식 역시 이론과, 그 이론을 전제로 하는 치유법을 결합한 전통적인 방식이다. 또한 책 전체를 통해 동생의 질문과 반론이 계속 이어지고 세네카가 이에 대해 고대의 역사적 인물들의 사례를 곁들이며 자신만의 철학적 답변을 해주는 식으로 글이 이어진다.

세네카, 화에 대한 치유법을 제시하다

히포크라테스의 주장이 몸의 질병을 치료하는 것이라면, 세네카의 주장도 치료와 관련이 있다. 그의 치료는 특히 〈마음의 질병〉에 대한 것이다. 삶에 대한 우리의 정서적 반응에 〈테라피〉(치료요법)가 필요할 수 있다는 생각은 테라피를 중시하는 지금의 문화에서는 이상할 게 없겠지만 고대의 스토아 학파들에게도 그리 독특한 것은 아니었다.

예를 들어, 세네카가 화라는 주제를 선택해 글을 쓰기 약 100년쯤 전에 키케로도 「투스쿨라룸 논쟁」[1]에서 특별히 슬픔에 관해 설명하고 이를 달래주는 내용을 썼다. 또한 기원전 1세기의 에피쿠로스파 철학자인 필로데모스도 자신의 저서에 분노의 치료에 관한 부분을 포함시켰다. 그리고 플라톤을 신봉했던 플루타르크는 세네카보다 2세기 후에 아예 「화를 다스리는 법에 대하여」라는 책을 썼다. 하지만 스토아 철학이 화라는 주제를 특별히 집요하게 다루었던 이유는 다른 모든 철학 학파들 중에 그들이 유일하게 우리가 흔히 아는 격정들 그 자체를 〈악덕〉이라고 믿었기 때문이다. 스토아 학파들에게 격정에 대한 확실한 단 하나의 치료법은, 그것을 제거하는 것이었다.

세네카는 인간의 격정(그에게는 화일 것이다.)에 대한 이론 자체보다는 그 이론을 바탕으로 한 치료 요법에 더 관심이 있었

---

1 세네카보다 고전 라틴어로 격정에 관해 더 포괄적으로 다룬 유일한 저술이다.

기에 이론은 치료 요법을 위해 꼭 필요하다고 보이는 정도만을 소개하고 있다. 우리는 그저 그의 뒤를 따라가면서 먼저 일반적인 원칙들에 대해 개괄적으로 살펴보고 그런 다음 그가 핵심적으로 다룬 주장에 집중하면 될 것이다.

세네카는 이러한 원칙에 따라, 그리고 특히 화의 영향력이 가장 두렵다는 점에서 화에 집중하면서 자신이 집필한 이 책을 정확히 두 부분으로 나누었다. 제1권과 제2권의 전반부에서 그는 화의 개념을 정의하고, 제기된 반론들에 대해 다시 재반론을 펼치고, 화를 불러일으키는 인식과 판단에 대해 분석한다. 그리고 제2권의 나머지 후반부와 제3권에서는 〈화의 치유법〉에 대해 다루고 있다. 따라서 우리는 처음에 이론을 먼저 접하고 그 다음에 이어지는 부분에서는 치유법에 집중하면서 세네카의 생각을 따라갈 수 있다. 특히 제3권은 스스로 화의 포로가 되어 날뛰는 독재 군주들의 사례들을 들어 화의 잔학성을 더욱 생생하게 보여준다.

화를 폭발시키는 당신, 그때 자신의 모습을 거울로 보라

세네카는 화가 인간의 본성이 아니라고 말한다. 그 이유를 그는 이렇게 말한다.

"인간은 서로에게 도움을 주고받기 위해 태어나고, 화는 서로의 파괴를 위해 태어난다. 인간은 화합을 원하고, 화는 분리를 원한다. 인간은 이익이 되기를 원하고, 화는 해가 되기를 원한다. 인간은 낯선 사람에게까지 도움을 주고자 하고, 화는 가장 가깝고 소중한 사람에게까지 공격을 퍼부으려 한다. 인간은 타인의 이익을 위해 기꺼이 자신마저 희생시키고, 화는 상대방에게 앙갚음을 할 수만 있다면 기꺼이 자신마저도 위험에 빠뜨린다."

세네카는 화를 다른 그 어떤 격정들보다 특별히 더 비천하고 광포한 악덕이자 〈일시적인 광기〉라고 정의한다. 그에 의하면, 화는 모든 것을 능가하는 최대의 악덕이다. 화는 그 기반이 튼튼하지 못하다. 바람처럼 공허하다. 화는 너무나 성급하고 무모해서 목표를 향해 황급히 돌진하다가 스스로 방해물이 된다. 그 결과 화는 자기 파괴적으로 작용하는 경우가 더 많다.

우리가 화를 내는 최대 원인은 "나는 잘못한 게 없어."라는 생각, 즉 "나는 죄가 없어." 혹은 "나는 아무 짓도 안 했어."라는 생각이다. 하지만 이는 우리가 자신의 잘못을 인정하지 않는 것뿐이다. 그래서 결국 우리로 하여금 화를 내게끔 하는 것은 우리 자신의 무지와 오만함이다. 또한 화를 내어 승리하는 것은, 결국 지는 것이라고 세네카는 말한다.

  남들이 가진 것에 눈을 돌리는 사람은 자신의 것에 만족하지 못한다. 그래서 우리는 자기 뒤에 얼마나 많은 사람들이 있는지는 생각하지 않고 다른 사람이 자기보다 앞서 있다고 혹은 자기보다 많이 가졌다고 해서 신들에게도 화를 낸다. 우리는 부러움으로 우리의 뒤를 따르는 수많은 사람들이 있다는 사실은 알지 못한 채 소수의 사람들을 시기한다. 세네카는 이처럼, 다른 사람이 나보다 많이 가졌다고 신에게 화를 내어서는 안 된다고도 강조한다.

  화는 종종 우리를 찾아오지만, 사실은 우리가 제 발로 그것을 찾아가는 때가 더 많다. 우리가 스스로 화를 불러들이는 일은 절대 없어야 한다. 그러기 위해선 마음에서 화를 없애고, 혹은 그것을 최소한 제어하고 그 맹습을 늦추는 것이 필요하다. 그에 대한 방법으로 세네카는 섹스티우스를 인용해, 화가 났을 때는 우리 자신의 얼굴을 거울로 보는 것만으로도 큰 도움을 받을 수 있다고 말한다. 우리는 자신의 모습이 그렇게까지 달라질 수 있다는 데에 큰 충격을 받는다. 화를 폭발시키는 순간의 우리 모습을 거울로 본다면 추악하게 변해버린 자신의 모습에 경악을 금치 못할 것이다.

  세네카는 마지막으로 이렇게 말하며 글을 끝맺는다.

"화가 당신을 버리는 것보다 당신이 먼저 화를 버려라. 그동안 다른 사람들을 괴롭히고 우리 자신도 괴롭히는 고통을 안겨준 화. 우리는 좋지도 않은 그 일에 귀한 인생을 얼마나 낭비하고 있는가! 화를 내며 보내기에는 우리의 인생은 얼마나 짧은가!"

화에 대한 최고의 대비책, 마음의 평정심

세네카의 조언은 오직 우리가 화가 날 때만 유용한 것은 아니다. 그의 철학은 삶이 우리에게 어떤 것을 던져주더라도 우리가 평정심을 유지하고 중심을 잃어버리지 않는 방법을 제시해준다. 좌절과 화는 세상이 우리에게 던져주는 실망에 대한 비합리적인 반응이다. 오직 합리적인 전략은, 혹시 일이 잘못되어 가더라도 평정심을 잃지 않는 것이다.

살다보면 얼마든지 나쁜 일들이 일어날 수 있으며 실제로 그런 일이 벌어졌을 때 그로 인한 타격을 줄이는 길은 매일매일의 고요한 명상을 통해 미리 충분히 마음의 준비를 하는 것이다. 그것이 우리가 철학적으로 사고하고 삶을 영위할 수 있는 길이다.

제 1 권

화에 대하여 I

인간의 화는 어떤 특성을 갖고 있는가

<u>1</u>　　노바투스여, 너는 나에게 어떻게 화를 다스려야 하는지에 대해 적어 보내 달라고 채근해왔다. 이것으로 판단할 때, 너는 이 격정이 다른 감정들에 비해 특별히 더 비천하고 광포한 것이라 보고 두려워하게 된 것 같구나. 다른 모든 격정에는 그 안에 일말의 차분함과 조용한 면이 있지만 이 격정에는 오로지 격렬한 공격성만 가득할 뿐이다. 타인과의 싸움에서 그에게 고통을 가하고 타인을 벌하면서 피를 보고야 말겠다는 비인간적인 욕구로 감정이 격해졌을 때, 화는 그 상대방을 해할 수만 있다면 다른 그 무엇도 신경 쓰지 않는다. 화

는 그 과정에서 스스로에게 겨누어진 비수의 칼끝을 향해 덤벼들며, 앙갚음하는 당사자인 자신마저 나락으로 떨어질지라도 철저한 복수를 갈망한다.

따라서 어떤 현자들은 화는 〈순간의 광기〉라고 말했다. 왜냐하면 화는 마치 한순간에 와르르 무너져 내려 땅바닥 위의 거친 돌무더기로 변해버리는 건물과도 같이 한순간에 자제심을 잃어버리고, 품위를 내동댕이치고, 인간적 유대 따위는 아랑곳없이, 스스로 시작한 일이 무엇이든 오로지 그것에만 눈이 멀어 이성과 충고에는 귀를 닫고, 하찮은 이유로 격분하면서 무엇이 옳고 참된지 알아보지 못하기 때문이다.

게다가 화에 사로잡힌 사람들은 분별력을 잃고 자신의 태도에 주의를 기울이지 못한다. 미친 사람들이 일정한 증상들(대담하고 위협적인 말투, 찌푸린 이맛살, 험악한 표정, 빨라진 걸음, 갑자기 바뀌는 안색, 빈번하고 강한 탄식)을 나타내는 것처럼, 화가 난 사람들도 같은 증상들을 나타낸다.

화가 난 사람은 눈빛이 이글거리며 흔들리고, 가장 깊은 곳에서 피가 거꾸로 솟구쳐 올라와 얼굴이 시뻘겋게 달아오르고, 입술이 파르르 떨리고, 이를 부득부득 간다. 머리카락은 빳빳이 곤두서고, 호흡은 거칠어지고, 관절은 비틀린 것처럼 우두둑 소리를 낸다. 화가 난 사람은 또한 신음하고 울부짖으며, 말도 또렷하지 않고 더듬거리며, 자꾸 손뼉을 치고 발을 쾅쾅 구르며, 흥분한 온몸으로 엄청난 분노를 표현하며 상대를 위협한다. 화가 난 사람은 얼굴이 흉하게 일그러지고 부풀어 올라 역겨움과 두려움을 동시에 불러일으킨다. 그 결과 이 격정은 혐오스럽다고 해야 할지 증오스럽다고 해야 할지 분별하기가 힘들다.

다른 모든 격정은 감출 수 있고 마음에 몰래 담아둘 수 있지만, 화는 저절로 끓어 넘치고 격해질수록 더욱 뚜렷이 표정으로 드러난다. 분명 우리는 동물들이 어떻게 행동하는지 잘 알고 있다. 일단 성이 난 동물이 다른 동물을 해치려고 작정하면 평소의 차분한 상태를 허물어뜨리고 타고난 잔인성을 부풀리면서 온몸으로 명백한 신호들을 드러낸다.

멧돼지는 입에 거품을 물고 엄니를 갈아 날카롭게 하고, 황소는 뿔로 하늘을 치받으며 발굽으로 모래를 파헤쳐 사방으로 흩뿌린다. 화가 나면 사자는 포효하고, 뱀은 목을 불룩하게 부풀리며, 미친 개는 무섭게 노려본다. 어떤 동물도 정상적인 상태에서는 그렇게 무섭고 위험하지 않지만 일단 화가 나면 사나움이 확연히 증가한다.

물론 나는 다른 격정들도 감추기가 어렵다는 사실, 욕정과 두려움과 무모함도 그 존재가 겉으로 드러나기에 우리가 미리 알아볼 수 있다는 사실을 잘 알고 있다. 격렬한 감정이 밀려오면 표정에 전혀 동요가 없을 수는 없기 때문이다. 그렇다면 차이는 무엇인가? 다른 격정들도 눈에 보이기는 하지만, 화는 자신을 뚜렷하게 드러낸다.

2 그렇다면 화의 치명적 결과를 살펴보자. 지금껏 그 어떤 역병도 인류에게 그보다 더 값비싼 대가를 치르게 한 것이 없다. 학살과 독살, 고소와 맞고소, 도시의 파괴, 민족의 멸망, 경매장에서 팔린 귀족들[1], 침략군의 공격에 허물어진 성벽, 화염과 불길에 휩싸인 거주지들과 드넓은 토지를 보라.

게다가 주춧돌마저 형체를 알아볼 수 없게 파괴되어버린 유명한 도시들을 생각해보라. 도시들을 무너뜨린 건 화였다. 보라, 그 근원을 추적할 수조차 없이 가장 찬란했던 도시들을. 분노가 그것을 파괴한 것이다. 가도 가도 사람 하나 살지 않는 폐허로 변해버린 땅을 보라. 그곳을 황무지로 만든 건 바로 화였다. 또 역사에 가혹한 운명의 주인공으로 등장하는 수많은 지

---

[1] 라틴어 원문 〈principum ... capita〉의 원래 뜻은 〈지도자들의 머리〉지만 〈지도자들의 재산〉을 의미하기도 한다.

도자들을 생각해보라. 곤히 잠든 사람의 가슴에 비수를 꽂고, 연회 중에 난데없이 살인을 저지르고(천벌을 받을 짓이다!)[2], 법의 중심지인 광장에서 숱한 이들이 지켜보는 가운데 사지를 찢어 죽인 것은 모두 화였다. 아버지가 아들에게 희생되어 피를 흘리고, 칼을 든 노예가 왕족의 목을 베고, 사람의 팔다리가 십자가에 매달린 것은 모두 화가 저지른 것이다.

나는 지금까지 개인에게 가해진 형벌의 사례들만 이야기했다. 이제 이글거리는 화가 한 번에 한 명씩 공격한 사례들은 제쳐놓고, 집단 전체가 화에 의해 마른 풀처럼 쓰러진 사건들을 생각해보라. 군대가 들이닥쳤을 때 무참히 도살당한 평민들, 마치 그들이 우리에게 관심을 표하지 않거나 우리의 권위를 무시하기라도 한 것처럼 무차별 학살을 당한 민족들을 생각해보라. 그렇지 않다면 왜 군중들은 검투사가 기꺼이 죽지 않는 것을 불쾌하게 여기고서 그렇게 화를 내겠는가? 군중들은 검투사들이 기꺼이 목숨을 내어놓지 않는 것을 자신들이 경멸을 당하고 있는 것으로 판단하고, 그에 따라 그들의 표정과 동작과

■
2 알렉산드로스가 홧김에 창을 던져 친구인 클레이토스를 죽인 일을 염두에 두고 하는 말인 듯하다. 천벌을 받을 짓이라고 한 이유는 주인과 손님의 유대는 일종의 신성한 규약이었기 때문이다.

감정은 구경꾼의 입장에서 적의 입장으로 돌변한다.

그러나 이는 진짜 화가 아니라 가짜 화이며, 이는 마치 길을 가다 넘어졌을 때 왜 화가 나는지를 전혀 알지 못한 채 주먹으로 애꿎은 땅바닥만 때리는 어린 아이의 화와 같다. 아이들은 합당한 이유 없이, 실제로 부당한 일을 당하지 않았는데도 부당한 일을 당했다는 막연한 느낌과 앙갚음을 해야겠다는 어떤 욕망에 사로잡혀 화를 낸다. 그에 따라 아이들은 자기 자신을 속이고서 주먹질을 하는 체하고, 사람들이 애처로운 표정을 지으며 용서를 구할 때 화를 가라앉힌다. 이때 아이들의 불만은 진짜 불만이 아니기 때문에 진짜 복수가 아닌 가짜 복수로 해결된다.

3 반론: "우리는 종종 우리를 해친 사람이 아니라, 우리를 해칠 의도를 품은 사람에게 화를 냅니다. 이것으로 볼 때 화는 분명 부당함에서 나오는 것이 아닙니다."

우리가 자신을 해치려는 의도를 품은 사람에게 화를 낸다는 것은 맞다. 하지만 상대가 그런 의도를 품는다면 그 자체만으로도 우리에게 해를 끼치고 있는 것이다. 잘못을 저지를 의도를 품는 것 자체가 이미 잘못을 저지른 것이다.

두 번째 반론: "화는 분명 보복에 대한 욕망은 아닙니다. 세상

에서 가장 힘없는 사람들도 가장 힘센 사람에게 분노하기 때문입니다. 그들은 이룰 가망도 없는 보복을 바라지 않습니다."

  내 생각은 이렇다. 첫째, 나는 화가 보복을 하고 싶은 〈욕망〉이라고 했지, 그것을 실행할 〈능력〉이라고 말하지 않았다. 그리고 사람들은 자신들이 성취하지 못할 일들도 간절히 욕망한다. 둘째, 아무리 상대가 높은 사람일지라도 그에게 보복을 꿈도 못 꿀 만큼 비천한 사람은 없다. 상대를 해롭게 하는 문제라면 우리 모두에겐 충분한 능력이 있다.[3]

  화에 대한 아리스토텔레스의 정의는 우리 스토아 철학파와 별반 다르지 않다. 화는 "고통을 고통으로 갚아주고자 하는 강한 욕망"이라고 그는 말한다. (그의 정의와 우리의 정의의 차이를 간단히 설명하기에는 어렵다.) 아리스토텔레스와 우리의 견해에 대해서, 비록 부당한 대우를 받은 데 자극받거나 혹은 상대에게 앙갚음을 하거나 괴롭히기 위해서는 아니더라도, 동물도 화를 낸다는 반론이 있다. 그러나 동물이 어떤 행동을 해서 결과적으로 상대가 해를 입을 수는 있지만 그것이 그들의 목표는 아니다.

■

3 여기서 능력이 있다는 것은 우리 마음속의 능력을 말한다. 즉 진정한 악이 존재하는 곳이다.

야생의 동물(인간을 제외한 모든 생물)에겐 화가 없다고 봐야 한다. 화는 이성의 적이지만, 오직 이성이 존재하는 곳에만 생겨난다. 야생의 동물도 격앙, 사나움, 공격성 같은 충동을 느끼지만 그들에게 화는 존재하지 않는다. 동물이 어떤 종류의 쾌락에 관한 한 인간보다 자기 통제가 부족하긴 해도(즉, 쾌락을 더 마음껏 누려도) 동물에겐 사치가 없듯, 화도 없다.

우리는 다음과 같이 말하는 사람을 믿을 이유가 전혀 없다.

멧돼지는 화내는 것을 잊고,
쫓기어 달아나는 사슴은 믿음을 잊으며,
곰은 억센 소떼를 공격하기를 잊는다.

여기서 〈화를 낸다〉는 말은 단지 흥분하고 자극을 받는다는 뜻이다. 동물은 용서하는 법을 모르는 것처럼, 화내는 법도 알지 못한다.

동물은 격정과 비슷한 몇몇 충동을 느끼긴 해도 말을 할 줄 모르기 때문에 인간적인 격정은 경험하지 못한다. 그렇지 않고 동물이 사랑과 증오를 안다면, 그들도 우정과 원한, 불화와 조화를 알 것이다. 비록 동물에게도 그런 것들의 흔적이 얼마간 존재하긴 하지만, 좋건 나쁘건 그것들은 우리 인간의 마음에만 온전하게 존재한다.

  실천적 지혜, 선견지명, 면밀함, 신중함은 인간에게만 주어져 있다. 동물은 인간적 미덕뿐 아니라 인간적 악덕에서도 제외되어 있다. 동물은 겉모습이나 내면이나 전체적인 구조가 인간과는 다르다. 동물을 지배하는 원리는 그 얼개가 아예 다르다. 동물에게도 목소리는 있으되 분명치 않고 구별이 어려워 낱말을 만들어낼 수가 없다. 그들에게도 혀는 있으되 자유자재로 움직일 수가 없어 소리가 갇혀 있으며 발음의 원리 또한 조잡하고 거칠다. 따라서 동물들은 사물이 주는 시각적 표상이나 느낌을 포착해 충동적인 행동에 나서지만 이것은 애매하고 혼란스럽다. 그 결과 동물들의 공격과 경계 행동은 왕성하나 그것은 두려움, 불안, 슬픔, 분노가 아니라 단지 그 격정들과 비슷한 상태일 뿐이다. 그렇기에 동물은 어떤 상태에서 정반대의 상태로 빠르게 변화한다. 방금까지 격렬하게 날뛰거나 겁을 먹고 허둥대던 동물이 이내 조용히 풀을 뜯고, 한가로이 잠에 빠지다가도 갑자기 우렁찬 소리를 내며 우르르 몰려간다.

4   화가 무엇인지에 대해서는 이제 설명이 되었다. 〈화를 내는 것〉과 〈화를 잘 내는 급한 성격〉이 어떻게 다른지는 명백하다.[4] 이는 술에 취한 사람과 주정뱅이가 다르

고, 염려하는 사람이 겁쟁이와 다른 것과 마찬가지다. 화가 난 사람이 반드시 화를 잘 내는 성격인 것은 아니고, 화를 잘 내는 사람이라도 가끔은 화를 내지 않을 수도 있다. 그리스어에서 차별화된 용어로 구분해놓은 그 밖의 다른 유형의 화에 대해서는 라틴어 표현이 없기 때문에 여기서는 넘어가기로 하겠다.

물론 우리는 amarus(원한을 품은)과 acerbus(가혹한)을 사용하고, 이와 더불어 stomachosus(성미 급한), rabiosus(격앙된), clamosus(폭언을 하는), difficilis(까다로운), asper(성마른) 같은 단어들을 사용한다. 이는 모두 다양한 유형의 화를 가리킨다. 또한 여기에 과민한 격노 상태를 가리키는 morosus(역정 내는)을 포함시킬 수 있다.

사실 어떤 형태의 화는 고함을 지르지 않아도 자연히 가라앉고, 어떤 형태의 화는 빈번하게 발생하는 동시에 떨쳐내기가 어려우며, 어떤 형태의 화는 물리적 야만성을 보이는 대신 언어적 야만성은 보이지 않고, 어떤 형태의 화는 심한 욕설과 함께 분출되고, 어떤 형태의 화는 불평과 부루퉁함의 선을 넘지 않고, 어떤 형태의 화는 깊고 묵직하고 내향적이다. 이 밖에도

■

4 이것은 일시적인 격정(현실에서 경험하는 일회적인 화)과 정서적 기질의 차이다. 후자는 굳어버린 성격 특성이며, 주어진 격정을 경험하는 성향을 말한다.

이 악덕의 다양한 형태는 천 가지에 이른다.

앙갚음에 집중하는 화는 인간의 본성인가

5   지금까지 우리는 화는 무엇이며, 인간을 제외한 다른 동물에게도 화가 일어나는지, 화를 잘 내는 기질과 화가 어떻게 다른지, 화에는 얼마나 많은 유형이 있는지를 살펴보았다. 이제 화는 인간의 본성과 일치하는지, 화는 과연 유익한지, 그래서 어느 정도는 마음에 품고 있는 것이 좋은지에 대하여 고찰해보자.

화가 인간 본성과 일치하는지 아닌지는 인간을 자세히 들여다보면 곧 명백해진다. 인간의 마음이 정상적인 상태일 때, 무엇이 그보다 더 온화하겠는가? 반면에 무엇이 화보다 더 잔인하겠는가? 무엇이 화보다 더 적대적이겠는가? 무엇이 타인을 사랑하는 경향을 인간보다 더 강하게 갖고 있겠는가? 인간은 서로에게 도움을 주고받기 위해 태어나고, 화는 서로를 파괴하기 위해 태어난다. 인간은 화합을 원하고, 화는 분리를 원한다. 인간은 이익이 되기를 원하고, 화는 해가 되기를 원한다. 인간은 낯선 사람에게까지 도움을 주고자 하고, 화는 가장 가깝고 소중한 사람에게까지 공격을 퍼부으려 한다. 인간은 타인의 이익을 위해 기꺼이 자신을 희생시키고, 화는 상대방을 끌고 들어갈 수만 있다면 기꺼이 자신마저도 위험에 빠뜨린다.

그렇다면 이 흉포하고 파괴적인 악덕을 자연이 만들어낸 가장 세련된 최고의 창조물이라고 생각하는 사람보다 세상의 이치에 더 무지한 사람이 있겠는가? 앞서 말했듯이 화는 앙갚음에 집중한다. 인간의 평화로운 가슴속에 그런 갈망이 존재하는 것은 결코 인간의 본성에 어울리지 않는다. 인간의 삶은 사이좋게 이익을 주고받는 것이며, 상대에 대한 두려움 때문이 아니라 서로에 대한 애정을 기초로 한 상호협력 속에서 굳건히 유지되는 것이다.

6 반론: "하지만 때로는 질책이 필요합니다. 그렇지 않은가요?"

물론 그렇다! 그러나 어디까지나 〈화를 배제한 이성적인 질책〉이어야 한다. 질책이란 상대에게 해를 입히는 것이 아니라, 해를 가하는 형식을 빌려 잘못을 고치는 것이 핵심이기 때문이다. 구부러진 금속창의 자루를 똑바로 펴기 위해 열을 가하고 그것을 부러뜨리지 않고 비틀림을 없애기 위해 쐐기를 박는 것처럼, 사람들의 마음이 악덕에 사로잡혀 비뚤어졌을 때 우리는 신체적 고통과 정신적 고통을 가해 그들의 마음을 올바르게 편다.

확실히 의사는 가벼운 질환을 치료할 때 처음에는 간단한 식이요법부터 시작한다. 의사는 환자가 먹는 음식과 물, 그리고 운동에 약간의 규칙을 부여하면서 환자의 생활방식을 바로잡아서 몸을 튼튼히 하려고 한다. 그리고는 절제가 건강에 긍정적인 역할을 하는지 지켜본다. 절제와 규칙으로도 차도가 없으면 의사는 환자의 식단에서 몇 가지 요소를 뺀다. 그래도 환자가 반응하지 않으면 의사는 음식을 금지하고 단식으로 몸의 부담을 더는 방법을 시도한다. 이렇게 비교적 가벼운 조치들로도 효과를 보지 못하면 의사는 이제 피를 내는 치료법을 고려하고, 만일 신체에 붙어 있는 팔다리가 질병을 퍼뜨려 환자의 건강을 위협하면 절단 수술을 시행한다. 건강에 좋은 결과를 가져오는 치료법은 누구도 가혹하다고 여기지 않는다.

이와 마찬가지로 법을 집행하고 시민사회를 이끄는 사람도 가능한 한 말로 사람들의 품성을 치유하는 것이 적절하다. 이때 그는 가급적 부드러운 말로 사람들의 행동을 올바르게 이끌고, 명예와 공정함에 대한 갈망을 마음속에 불어넣어 사람들이 악덕을 미워하고 미덕을 소중히 여기도록 해야 한다. 그다음 단계로 그는 보다 엄격한 화법을 채택해야 하지만 그 수준은 아직 경고와 훈계에 머문다. 이 단계도 효과가 없다면 마지막으로 그는 형벌에 의존하는데, 이때의 형벌은 되도록이면 가벼워야 하고 돌이킬 수 없는 것이어서는 안 된다. 물론 최악의 범죄에는 최악의 형벌을 내리되, 당사자에게조차 죽음이 차라리 나은 경우를 제외하고는 어느 누구도 목숨을 잃어서는 안 된다는 원칙을 고수해야 한다.

다만 한 가지 측면에서 그는 의사와 다르다. 의사는 자신이 더 이상 생명을 연장해줄 수 없는 사람들에게 편안한 출구를 제공하는 반면, 그는 사형수를 멸시와 오욕에 찌든 삶으로부터 강제로 떠나게 만든다. 이는 그가 누군가를 처벌함으로써 그것으로부터 기쁨을 느껴서가 아니라(현명한 자에게서는 그렇게 비인간적인 잔인성을 찾아볼 수 없다.), 모든 사람에게 교훈을 주기 위해서이고, 살아 있는 동안 사회를 이롭게 할 마음이 없는 사람들의 죽음으로 공화국이 이익을 얻도록 하기 위해서다.

그렇다면, 인간의 본성은 앙갚음을 추구하지 않는다.[5] 따라서 화는 그 자체로 인간의 본성과는 어울리지 않는다. 왜냐하면 화는 앙갚음을 추구하기 때문이다.

■

5 여기서 핵심 단어는 〈추구한다〉이다. 왜냐하면 우리가 자연에 따라 피하게 되는 유일한 것이 악덕이고, 우리는 자연히 무조건적으로 선한 것만을 추구하기 때문이다. 그 밖의 모든 것들은 사실 그 자체로는 선도 악도 아닌 가능성들 중에 선택하는 문제다.

나는 또한 플라톤의 주장을 인용하고자 한다. (다른 사람의 견해가 우리의 견해와 일치한다면 그것을 이용한들 무슨 해가 되겠는가?) 플라톤은 "선한 사람은 해를 야기하지 않는다."고 말한다. 앙갚음은 해를 야기하고 그러므로 선한 사람에게 어울리지 않는다. 같은 이유로 화도 선한 사람에게 어울리지 않으며, 화에는 앙갚음이 어울린다. 선한 사람이 앙갚음에서 기쁨을 얻지 못한다면, 앙갚음으로 쾌감을 느끼고자 하는 열정에서도 전혀 기쁨을 얻지 못할 것이다. 그러므로 화는 자연에 반하는 것이다.

7   "화가 자연에 반하는 것이긴 하지만, 지금까지 화가 종종 도움이 될 때가 있었으므로 우리는 하나의 집단으로서 화를 낼 수도 있지 않을까요? 분노는 사기를 높이고 용기를 자극합니다. 분노 없이 용기만으로는 전투에서 훌륭한 성과를 거두지 못합니다. 전과를 올리기 위해서는 장작에 불을 지필 그 격정, 대담한 자들을 흥분시켜 위험을 뚫고 나아가게 할 그 자극제가 필요합니다. 그런 이유로 어떤 사람들은 화를 제거하는 대신 적당히 조절하는 것이 가장 좋다고 생각합니다. 다시 말해 과잉을 제거하고 화를 건강한 수단으로 축소시켜 적절히 유지하면 행동이 유약해지거나 마음의 활력이 약해지는 것을 막을 수 있다고 생각합니다."

나의 생각은 이렇다. 첫째, 해로운 요인들을 받아들인 다음에 관리하고 조절하기보다는 애초에 차단하고 받아들이지 않는 것이 더 쉽다. 일단 해로운 요인들이 자리를 차지하게 되면 그것은 이를 통제하고자 하는 사람보다 더 강력해져서 삭감이나 축소를 조금도 허용하지 않기 때문이다.

둘째, 이성 자체는 고삐가 주어져 있어 자유자재로 스스로를 제어할 수 있으나 이는 오직 격정과 분리되어 있는 동안에만 그러하다. 애초부터 격정을 차단하는 것은 가능할지라도 일단 이성이 격정과 뒤섞여 오염되고 나면 격정을 통제하지 못한다. 우리의 사고는, 일단 흔들리고 자신의 발판을 잃고 나면 난폭하게 밀치고 들어오는 것에 노예가 되어 끌려다닌다.

어떤 것들은 처음에는 우리가 통제할 수 있지만, 다음 단계에 들어서면 제 스스로의 힘으로 우리를 끌고 다니며 좀체 원상태로 돌아갈 기회를 주지 않는다. 낭떠러지에서 뛰어내린 사람은 독립적인 의사결정이 불가능하며, 하강하는 힘에 저항하거나 곤두박질하는 몸의 속도를 늦출 수가 없다. 일단 뛰어내리는 순간 숙고와 후회의 여지는 사라지고, 뛰어내리기 전이라면 자유로이 거부할 수도 있었을 냉혹한 결과를 맞게 된다. 바로 그렇게 마음이 화, 사랑, 그 밖의 격정에 굴복하고 나면 스스로를 제어하지 못하고 무작정 돌진하게 된다. 마음 자체의 무게 그리고 아래로 향하려는 악덕의 본성 때문에 백이면 백 마음을 깊은 나락으로 끌고 간다.

8   가장 좋은 방법은 화가 나려 할 때 최초의 싹을 억누르고 그 최초의 충동에 굴복하지 않도록 싸우는 것이다. 일단 화가 우리를 항로 밖으로 끌고 가면 안전한 곳으로 되돌아오기가 어려워진다. 화가 마음에 들어와 우리가 그것에 주권을 내어주게 되면 이성은 한 치도 설 자리가 없어지게 된다. 그 다음부터 화는 네가 허락하든 말든 상관없이 자신이 원하는 대로 행동할 것이다.

우리는 이 적敵(나는 이 점을 강조한다.)을 최전방에서 저지해야 한다. 적이 치고 들어와 관문을 통과하고 나면 점령당한 사람의 저항은 무용지물이 된다. 사실 마음은 따로 떨어진 곳에 존재하면서 외부에 별도로 존재하는 격정을 감시하거나 그것이 더 이상 밀고 들어오는 것을 제어할 수가 없다. 그보다는 마음 자체가 그 격정으로 변한다. 때문에 마음은 일단 변질되고 약화되면 애초의 유용하고 건강한 활기를 되살리지 못한다.

앞서 말했듯이 이성과 격정은 별개의 서로 다른 장소에 거주하는 것이 아니라, 마음이 더 좋은 상태나 더 나쁜 상태로 변화하는 것이다. 그렇다면 이성이 화에 굴복했을 때, 이미 악덕에 사로잡히고 압도돼버린 이성은 어떻게 부활할 수 있겠는가? 혹은 비열한 요소들의 혼합체가 지배하는 어두운 상태에서 어떻게 빠져나올 수 있겠는가?

반론: "그러나 어떤 사람들은 화가 날 때 그들 자신을 통제합니다."

이 말은 그들이 화가 명령하는 것을 아무것도 하지 않는다는 그런 뜻인가? 만일 그들이 아무것도 하지 않는다면, 화는 어떤 행위가 이루어지는 데 꼭 필요한 것이 아님에 틀림없는데도 너는 마치 화가 이성보다 더 능력이 있어서 그 도움이 꼭 필요한 것처럼 말하고 있는 것이다.

다음으로 나는 이렇게 묻고자 한다. 화는 이성보다 더 강한가, 아니면 더 약한가? 만일 화가 더 강하다면, 일반적으로 약한 쪽이 굴복하기 마련이므로, 이성이 어떻게 화의 한계를 정할 수가 있는가? 반대로 만일 화가 더 약하다면, 우리가 어떤 일을 수행하는 데 화 없이 이성만으로도 충분하고, 따라서 약한 쪽의 도움은 필요하지 않을 것이다.

"그러나 어떤 사람들은 화가 났을 때에도 평소와 조금도 다름없이 행동하고 자신을 제어합니다."

그것이 언제인가? 그때는 화가 이미 누그러져서 저절로 물러나는 시점이지, 세차게 끓고 있을 때는 아니다. 화가 부글부글 끓고 있을 때는 이성보다 더 강하기 때문이다.

"그러나 분명 사람들은 화가 났을 때에도 그들이 증오하는 사람들을 해치거나 건드리지 않고 놓아주고 해로운 행동을 자제합니다."

그렇다. 하지만 도대체 그때가 언제인가? 그때는 한 격정이 다른 격정을 물리치고, 두려움이나 욕망이 이미 주도권을 쥐었을 때이다. 그때 화는 이성의 중재를 통해서가 아니라, 이 격정들이 맺은 사악하고 위태로운 협정을 통해 잠잠해진 것이다.

화는 과연 필요한 것인가

9 게다가 화에는 어떠한 유익함도 없으며, 마음을 분발시켜 용맹한 행동으로 이끌지도 않는다. 미덕은 악덕의 도움을 필요로 해서는 안 되며, 그 자체로 충분하다. 공격적인 행동을 할 필요가 있을 때면 미덕은 화를 내듯 폭발하지 않고 자연스레 솟아나와 꼭 필요하다고 생각되는 만큼만 흥분하고는 이내 원래의 평정심을 되찾는다. 이는 투석기로 무기를 발사할 때 어느 정도의 힘을 가할지는 포수에게 달린 것과 마찬가지다.

아리스토텔레스는 이렇게 말한다.

"화는 필요하다. 화가 없으면 어떤 전쟁에서도 승리할 수 없다. 승리를 위해서는 화가 마음을 채우고 정신에 불을 붙여야 하지만, 화를 지휘관으로 삼지 말고 보병으로 이용해야 한다."

이는 틀린 말이다. 만일 화가 이성의 말에 귀를 기울이고 이성이 이끄는 대로 따른다면, 그것은 더 이상 화가 아니다. 화에는 반항이 기본적 특성으로 포함되어 있기 때문이다. 만일 화가 이성에게 반항하고 이성이 명령을 해도 수그러들지 않고 사나운 욕망에 이끌려 간다면, 화는 마치 퇴각 신호를 무시하는 병사처럼 마음에게 아무런 도움도 되지 않는 부하일 것이다.

그러므로 만일 화에 제한을 두는 것이 가능하다면 그것은 화가 아닌 다른 이름으로 불려야 한다. 다시 말해, 그것은 더 이상 화가 아니다. 내가 아는 한, 화는 재갈이 물려 있지 않은 야생마와 같기 때문이다. 제한을 허용하지 않는 화는 파괴적인 것일 뿐, 유용한 수단으로 볼 수 없다. 결과적으로 화는 화가 아니거나 유용하지 않거나 둘 중 하나다.

형벌을 집행하는 사람은 벌을 주기를 간절히 바라서가 아니라 그것을 올바른 일로 생각하고 집행하는 것이기 때문에 화난 사람으로 간주해서는 안 된다. 도움이 되는 병사는 자기편의 전략에 따라 행동할 줄 아는 병사일 것이므로, 격정은 병사로서든 지휘관으로서든 똑같이 나쁘다.

10 따라서 이성은 경솔하고 폭력적인 충동들에게 결코 도와 달라고 손을 내밀지 않을 것이다. 이성은 그 자체만으로는 이 충동들을 통제할 수 없으며, 이들을 제압하려면 그만큼 강력한 다른 충동을 끌어들여야 한다. 이를테면 화를 두려움으로, 나태함을 화로, 두려움을 욕망으로 제압하는 식이다.

이성이 행여 이 악덕에게 도움을 청하여 미덕이 악에 물드는 일이 없기를! 마음이 자충수에 빠져 화가 나지 않으면 용감해지지 못하고, 욕망에 사로잡혀야만 활기차게 움직이며, 두려움이 없이는 잠잠해질 줄 모른다면, 마음은 진정한 안정을 찾지 못하고 끊임없이 흔들리고 이리저리 나뒹굴 수밖에 없다. 격정의 노예가 된 마음은 흡사 폭군이 다스리는 영토에 머무는 것과도 같다. 미덕이 악덕의 후원에 의지한다면 부끄러운 일 아니겠는가?

게다가 이성이 격정에 의존해야만 무언가를 할 수 있다면, 이성은 더 이상 아무것도 할 수 없게 된다. 이성은 격정의 짝이 되고 격정과 같은 수준으로 떨어진다. 이성이 없는 격정이 무분별한 것이듯 격정이 없는 이성이 무력하다면, 둘에 무슨 차이가 있겠는가? 하나가 있어야 다른 것이 존재할 수 있다면 둘은 같은 수준이다. 그러나 누가 격정과 이성을 동일시할 수 있겠는가?

주장: "격정은, 정도가 지나치지 않고 적당하기만 하다면 쓸모가 있습니다."

그렇지 않다. 본래부터 유익한 것이어야만 유익하다. (만일 그것이 본래 유익하다면 어떤 제한이나 유보 없이도 유익하다.) 하지만 격정이 이성의 명령을 가볍게 무시한다면, 정도가 적당하다는 것은 그저 다음과 같은 의미에 지나지 않는다. 즉, 격정이 적으면 그 해악도 적다는 것이다. 하지만 적당한 수준의 격정은 적당한 수준의 악일 뿐이다.

11 주장: "하지만 적과 맞닥뜨렸을 때에는 화가 필요합니다."

이때만큼 화가 불필요할 때는 없다. 적과 맞설 때는 공격적인 행동이 잘 통제되어야 하고, 명령에 따라야 하며, 자유행동이 허용되어서는 안 된다. 예를 들어, 야만인들을 보자. 그들은 신체적으로 훨씬 더 강인하고 고난을 아주 잘 견디지만, 그들 자신을 무력하게 만드는 것은 그들 자신의 가장 큰 적인 화가 아니고 무엇인가? 검투사도 마찬가지다. 기술은 그들을 보호하지만, 화는 그들을 무방비로 만든다.

게다가 이성으로 동일한 목적을 이룰 수 있다면 화가 무슨 필요가 있겠는가? 사냥꾼이 짐승에게 화를 느낀다면 어떻게 되겠는가? 사냥꾼으로 하여금 다가오는 짐승을 잡거나 도망치는 짐승을 뒤쫓게 하는 것은 화가 아니라, 이성이다. 수많은 킴브리족과 튜턴족이 알프스 산맥을 넘어 쳐들어왔을 때 무엇이 그들을 무찔렀는가?[6] 단 한 명의 전령도 탈출하지 못해 고향의 동족들이 소문으로만 그들의 패배 소식을 들었을 정도로 철저히 괴멸한 까닭은 그들이 미덕이 아닌 화를 품었기 때문이 아닌가? 그리고 때때로 화는 무엇이든 자신의 앞을 가로막는 것을 쓰러뜨리고 나아가게 하는 추진력이 되기도 하지만, 사실은 자기 파괴적으로 작용하는 경우가 더 많다.

게르만족보다 더 기백이 넘치는 자들이 또 있을까? 공격을 퍼부을 때 그들보다 더 격렬한 자들이 또 있을까? 태어날 때부터 무기를 알고 그 속에서 성장하며, 다른 모든 것에는 등을 돌리고 오로지 무기에만 열정을 쏟는 그들보다 전쟁에 더 열광하는 자들이 또 있을까? 모든 것이 얼어붙는 매서운 기후에 대부분 집도, 몸을 감쌀 옷도 갖추지 못하고 지내는 덕분에 그들보다 더 혹독한 조건을 잘 견디는 자들이 또 있을까?

■

6 기원전 2세기 말 북이탈리아를 크게 위협한 게르만족의 침공을 말한다.

그러나 이들은 우리 로마의 1개 군단이 시야에 들어오기도 전에 먼저 스페인, 갈리아, 아시아와 시리아 병사들(사실 아시아와 시리아 병사들은 전쟁에 관한 한 여자나 마찬가지다.)의 손에 쓰러진다.[7] 이렇게 그들이 손쉬운 제물이 된 것은 화를 잘 내는 그들의 성향 때문이 아니고 무엇이랴. 응석과 사치와 부를 모르고 살아온 그 몸과 마음에 이성과 규율이 더해진다고 상상해 보라. 줄잡아 얘기해도 필시 옛 로마의 기풍을 되살려야 할 것이다!

파비우스가 상황을 마냥 지연시키면서 시간을 벌지 않았다면 어떻게 흔들리는 로마를 구할 수 있었겠는가? 화에 눈이 먼 사람이라면 어떻게 그런 방법을 알겠는가? 만일 파비우스가 화의 명령을 충실하게 따랐다면 로마는 지배권을 잃었을 것이다. 그는 우리 로마의 운명을 생각했고, 현재 상태로는 일부가 무너지면 전체를 잃을 수밖에 없다고 판단하여 원한과 복수의 욕망을 억누르고 자신에게 유리한 기회에만 생각을 집중했다. 그는 한니발을 이기기 전에, 먼저 자신의 화를 이겼다.

■
7 이들 비로마인들은 로마의 군단 병력이 당도하기 전에 먼저 적과 대적하는 기병대와 경보병대를 이루는 주요 구성원이었다. 로마인들에게는 시리아와 아시아 사람들을 〈유약하다〉고 보는 고정관념이 있었다.

쿼투스 파비우스 막시무스. B. C. 216년에 있었던 한니발의 칸나에 전투로 로마의 지배권이 흔들렸다. 여기서 언급한 지연전술로 쿼투스 파비우스 막시무스 장군은 Cunctator, 즉 〈굼벵이〉라는 별명을 얻었다. 그러나 한니발을 패퇴시킨 영광은 파비우스가 아닌 스키피오 아프리카누스에게 돌아갔다.

스키피오는 어떠했는가?[8] 그는 한니발과 카르타고 군대 그리고 그의 화를 일으키기에 마땅한 그 모든 것을 뒤로 하고 아프리카에서 전쟁을 일으켜 시간을 벌지 않았는가? 하지만 그의 정적들은 이 작전을 이기심과 나태의 증거로 보지 않았던가!

스키피오 2세는 어떠했는가?[9] 그는 아주 오랫동안 누만시아를 포위해 공격하면서, 즉 카르타고보다 누만시아를 정복하는 데 더 오랜 시간이 걸리고 있다는 자기 자신과 로마에 대한 비

---

8 B. C. 204년 한니발이 아직 이탈리아에 있을 때 푸블리우스 코르넬리우스 스키피오 아프리카누스는 병력을 이끌고 아프리카로 건너갔다. 그러자 한니발이 아프리카로 다시 돌아왔고 스키피오는 그를 자마 전투에서 격퇴하여 2차 포에니 전쟁의 막을 내렸다.

9 스키피오 아프리카누스의 양손자인 스키피오 아밀리아누스 아프리카누스는 카르타고를 파괴하고 3차 포에니 전쟁에 종지부를 찍었으며, 8개월간의 포위 끝에 스페인의 누만시아를 함락했다.

난을 흔들림 없이 견뎌내지 않았던가! 그의 오랜 포위 공격에 성 안에 갇혀 꼼짝 못하게 된 적들은 결국 자결을 선택할 수밖에 없었다.

그러므로 우리는 전투와 전쟁에서조차 화가 유리한 수단이 아님을 알 수 있다. 화는 조급함을 부르고, 적을 위험에 빠뜨리고자 하는 욕망은 경솔함을 불러들여 오히려 우리 자신을 위험에 빠뜨린다. 가장 믿을 만한 지혜는 상황을 오랫동안 신중하게 살피고, 끝까지 자제심을 발휘하고, 정해진 목표를 향해 천천히 나아가는 것이다.

12   반론: "선한 사람은 자신의 눈앞에서 아버지가 살해당하고 어머니가 강간을 당해도 분노하지 않는다는 말입니까?"

아니, 그는 분노하는 것이 아니라 그들을 지켜주고 보호해줄 것이다. 그리고 너는 왜 분노 없이 효심만으로는 충분히 그들의 수호자가 되지 못할 거라고 생각하는가? 같은 이유로 너는 또 이렇게 말한다.

"선한 사람은 자기 아버지나 아들이 칼에 찔리는 것을 보고도 울거나 실신하지 않는다는 말입니까?"

위험이 닥칠 기미만 보여도 여자들은 그렇게 한다.

선한 사람은 흔들리거나 주저함 없이 자신의 의무를 수행할 것이며 선한 사람으로서 합당히 해야 할 일을 할 것이다. 만일 나의 아버지가 죽임을 당하는 순간이라면, 나는 그를 지킬 것이다. 만일 그가 이미 살해당했다면, 나는 복수를 할 것이다. 애통하기 때문이 아니라 그것이 옳다고 생각하기 때문이다.

"선한 사람은 자신의 친구와 가족이 부당한 대우를 받으면 화가 난다."

테오프라스토스여,[10] 그대가 이런 식으로 자신의 주장을 변론할 때, 그대는 재판관을 무시하고 구경꾼들의 인기에 영합하면서 보다 확고한 가르침을 손상시키려 한다. 누구라도 자기 가족과 친구에게 그런 종류의 불행이 닥치면 화가 날 것이고 그에 대한 자신의 감정이 정당하다고 여길 것이기에, 사람들은 자신이 어떤 행동을 하더라도 마땅히 해야 할 일을 하는 거라고 여긴다는 것이 그대의 생각이다.

그러나 그들은 따끈한 목욕물이 준비되어 있지 않거나 유리 잔이 깨지거나 구두에 진흙이 튀었을 때도 똑같이 화를 낼 것이다. 그런 종류의 화는 애정에서 나오는 게 아니라 나약함에서 나온다. 이는 부모를 잃어버리거나 개암나무 열매를 잃어버

---

10 그리스 철학자로, 아리스토텔레스 이후 리케이온의 후계자가 되었다.

리거나 더도 덜도 없이 똑같이 우는 아이들의 행동과 같다.

친구들이나 가족의 편에서 화를 내는 것은 자신이 해야 할 일에 충실해서가 아니라, 마음이 나약하다는 증거다. 부모와 자녀, 친구들, 그리고 동료 시민들을 수호하고자 하는 사람은 충동에 휘둘리거나 격분하지 않고, 책임감을 인식하고, 심사숙고해서 신중하게, 그리고 기꺼이 앞으로 나선다. 이것이 가치 있고 고귀한 행동이다. 화는 너무나 열렬하게 복수를 원하기에 바로 그런 이유에서 화는 복수에 적합하지 않다. 사실 모든 욕망이 다 그렇듯이 화는 너무나 성급하고 무모해서 목표를 향해 황급히 돌진하다가 스스로 방해물이 된다. 바로 그래서 화는 평화에도, 전쟁에도 도움이 되지 않는다. 화는 평화를 마치 전시처럼 혼란스럽게 보이게 만들고, 전시에는 "전쟁의 신은 누구에게도 호의적이지 않다."[11]는 것을 잊고는 스스로를 통제하지 못하고 오히려 상대의 마수에 걸리고 만다.

더욱이 악한 행동은, 때때로 그것이 어떤 면에서 효과가 있었다는 이유만으로 용인할 만한 것으로 여겨져서는 안 된다. 어떤 병은 열을 내면 낫기도 하지만 아무리 그래도 몸에 열이 없는 상태가 더 바람직한 것임에는 틀림없다. 건강을 찾기 위

---

11 호메로스의 『일리아스』에 나오는 속담이다.

해 질병의 힘을 빌려야 한다면 그것은 형편없는 치료법이다. 독약이나 절벽에서 추락하는 것, 혹은 난파 사고가 뜻밖의 도움이 될 때가 있듯이 가끔은 화도 그럴 때가 있지만 이를 건강한 것으로 여겨서는 안 된다. 그 결과가 종종 역병으로 나타나기도 하기 때문이다.

13   다음으로 이 점을 생각해보라. 우리가 가질 만한 가치가 있는 것은 많이 가지면 가질수록 좋다. 정의가 좋은 것이라면 거기서 뭔가를 좀 빼면 더 좋겠다고 말하는 사람은 없을 것이다. 만일 용기가 좋은 것이라면 누구도 어떤 면에서는 그것이 줄어드는 것을 원하지 않을 것이다.

그렇다면 화 역시 커지면 커질수록 좋아야 한다. 좋은 것이 더 커지는 것을 그 누가 마다하겠는가? 하지만 화가 커지는 것은 적절치 못하다. 그렇다면 그것은 존재 자체가 부적절한 것이다. 작을 때는 괜찮고 커지면 악이 되는 선이란 없다.

주장: "화는 사람들에게 투지를 불어넣으므로 유익합니다."

술에 만취해도 그렇게 된다. 술은 사람을 공격적이고 대담하게 만들며, 거나하게 취했을 때 오히려 칼을 더 잘 다루는 사람들도 많다. 사람이 미치면 힘이 더 세어지므로 정신착란이나 광기 역시 힘을 내는 데 필요하다고 주장할 수 있다.

이것을 생각해보라. 가끔은 두려움이 사람을 오히려 무모하게 만들지 않던가? 죽음의 공포가 가장 무기력한 사람을 일으켜 세워 전쟁에 나서게 하지 않던가? 그러나 화와 만취 상태, 두려움 같은 것들은 혐오스럽고 쓸데없는 자극제다. 그것들은 미덕에 어떤 유용한 수단도 되지 못한다. 미덕은 악덕이 제공할 수 있는 그 어떤 것도 필요로 하지 않는다. 그것들은 다만 무뎌지고 심약한 마음에 약간의 기운을 불어넣을 뿐이다.

화를 내지 않고서는 단 한 번도 용기를 낼 수 없었을 부류를 제외하고는 화를 통해 더 용감해지는 사람은 없다. 화는 미덕을 거들어주는 것이 아니라, 미덕의 자리에 대신 들어앉는 것이다. 이 사실은 어떤가? 만일 화가 좋은 것이라면, 화는 인격이 가장 훌륭한 사람들에게 필수적으로 따를 것이다. 반면에 가장 화를 많이 내는 사람들은 아기들과 노인들, 그리고 환자들일 것이다. 어떤 쪽으로든 허약한 사람들이 불평을 하게 마련이니까.

꾸짖되, 화내지 말라

14 테오프라스토스는 이렇게 말한다.

"선한 사람이라면 악덕을 보고 화를 내지 않을 수 없다."

그의 주장대로라면 선한 사람일수록 악덕을 참을 수 없을 것이기에 화를 더 많이 내게 될 것이다. 하지만 사실은 그와 정반대가 아닌가? 선한 사람일수록 더 평온하고, 격정으로부터 보다 자유로우며, 아무도 미워하지 않는다.

사실 사람들이 잘못된 행동을 하게 되는 것은 실수 때문일진대, 선한 사람이 그들을 증오해야 할 이유가 무엇인가? 게다가, 길을 잃고 곁길로 가는 자를 미워하는 것은 사려 깊은 사람의 행동이 아니다. 만일 그렇지 않다면 그는 자신을 미워해야 할 것이다. 자신이 지금까지 도덕에 반하는 잘못된 행동을 얼마나 많이 했으며 그런 행동에 대해 얼마나 많은 용서를 구해야 할 것인지 생각해보게 하라. 선한 사람이라면 아마 자기 자신에게 화가 날 것이다. 공정한 재판관은 자신에 대한 재판과 남에 대한 재판에 각기 다른 잣대로 판결을 내리지 않는다.

내가 말하건대, 자신에게 무죄를 선고할 수 있는 사람은 아무도 없다. 자신은 무죄라고 주장하는 사람은 자신의 양심보다는, 그 행동에 대한 증인이 있는지 없는지만 생각하고 있는 것이다. 잘못된 행동을 하는 자들을 인자한 아버지의 마음으로 대하고, 그들을 찾아내어 추궁하는 것이 아니라 다시 불러서 바르게 인도하는 것은 얼마나 인간적인가! 누군가 길을 몰라

들판을 헤매고 있을 때는 그를 쫓아버리기보다 올바른 길을 가르쳐주는 것이 좋다.

15 그리고 잘못을 저지른 자는 훈계를 통해서든 강제력을 동원해서든 부드럽게 때로는 엄격하게 그 행동을 교정해주어야 한다. 남들을 위해서뿐만 아니라 그 자신을 위해서도 우리는 그를 더 나은 사람으로 만들려고 노력해야 한다. 하지만 꾸짖되 화를 내서는 안 된다. 치유의 대상인 환자에게 화를 내는 의사가 어디 있는가? 하지만 그들에게 어떤 희망의 싹도 발견할 수가 없고 유순함이라곤 전혀 없어서 도저히 악한 행동을 고칠 수가 없다면 어떤가? 손을 대는 것마다 더 나쁘게 만들고 말겠다는 사람이라면, 그리고 그의 사악함을 저지시킬 방법이 달리 없다면 그를 인간사회에서 격리시켜야겠지만, 그런 조치를 취할 때도 증오는 배제되어야 한다.

  더 이상 악행을 저지르지 않도록 그를 그 자신으로부터 구해줌으로써 나는 그에게 가장 큰 도움을 주고 있는 것이다. 그런데 그를 내가 왜 증오해야 하는가? 절단하지 않으면 안 되는 자신의 팔다리를 미워하는 사람이 어디 있는가? 그것은 분노가 아니라 애처로운 형태의 치유다. 우리는 미친 개를 죽이고 걷잡을 수 없이 흉포한 소를 도살하고 가축이 병에 걸리면 남은 무리들에게 전염되는 일이 없도록 그것을 처리한다. 우리는 기형이나 장애를 안고 태어난 아기들을 질식시키거나 물에 던져 죽이기도 한다.[12] 해로운 것을 건강한 것으로부터 분리하는 것은 화가 아니라 이성이다.

하물며 벌을 주는 자가 화를 내는 것만큼 적절하지 않은 일은 없다. 왜냐하면 오래 생각한 끝에 내려지는 징벌이 교정에 더욱더 효과적이기 때문이다. 소크라테스가 노예에게 이렇게 말한 것은 그래서이다.

"내가 지금 화가 나기 때문에 너를 매질하는 것은 나중으로 미루겠다."

그는 노예를 야단치는 일을 화가 가라앉고 이성을 되찾은 뒤로 미루었지만 막상 그때가 되면 외려 자신을 돌이켜보고 책망했다. 소크라테스조차 자신을 화에 내맡길 엄두를 내지 못했는데, 누가 자유자재로 자신의 격정을 제어할 수 있을 것인가?

16

곁길로 빗나가고 나쁜 행동을 하는 사람들을 감금할 때, 교정을 담당한 자가 화를 낼 필요는 없다. 화는

12　고대 로마에서는 낙태와 영아 살해가 상당 부분 허용되었다. 미숙아나 기형아가 태어나면 즉시 죽인다는 것이 법률로 정해져 있었다.

마음의 잘못이므로, 마음의 잘못을 저지르는 자가 남의 잘못을 교정할 수는 없기 때문이다.

"그렇다면 강도에게 화를 내서는 안 된다는 말입니까? 남을 독살한 자에게도 화를 내지 말아야 합니까?"

그렇다. 사혈요법(몸속의 어혈을 뽑아내어 병을 고치는 치료법) 을 위해 내 몸에 피를 낼 때 나 자신에게 화를 내지는 않는다. 어떤 종류의 징벌이든 나는 그것을 오로지 치유를 위한 수단으로만 사용한다.

"네가 아직 악행의 시초 단계에 머물러 있어서 심각하지 않은 실수가 자주 되풀이되면 나는 우선 조용히 너를 불러 나무랄 것이고, 그 다음 공개적인 꾸짖음을 통해 너의 잘못된 행동을 바로잡을 것이다. 말로 타일러 정신을 차리게 하기엔 이미 너무 멀리 가버린 상태라면 공개적으로 망신을 주어 행동을 바로잡을 것이다. 네가 강력한 교훈을 가슴에 새겨야만 비로소 뭔가를 느낄 수 있다면 미지의 땅으로 추방될 것이다. 악의 뿌리가 이미 깊고 단단해져서 더 가혹한 조치가 요구될 경우에는 족쇄 달린 칼을 씌워 대중 앞에 내어놓거나 사슬에 묶어 가두어둘 것이다.

네 마음은 자꾸 늘어나는 죄의 거미줄 같아서 이미 치유가 불가능하다. 네겐 이제 악행을 저지르게 되는 동기 따윈 필요 없으며(악인들은 언제나 핑계가 있다.) 악행 자체가 또 다른 악행의 강력한 동기가 된다. 만일 네가 사악함을 너무 많이 마셔버려 그 독성이 창자에까지 퍼져 있다면 그 창자 자체를 들어내지 않고서는 그 독을 빼낼 수가 없다. 비참하게 죽는 것이 네가 오랫동안 원했던 것이니, 그렇다면 우리는 그동안 다른 사람들을 괴롭히고 너 자신을 괴롭히는 그 광기를 제거해줌으로써 네게 감사의 말을 들을 것이다. 지금껏 자신을 괴롭히고 남들에게도 고통을 안겨준 너에게 아직 남아 있는 유일한 선인 죽음을 우리는 당장이라도 네게 내려주고자 한다."

내가 그를 위해 최고의 선행을 베풀고 있는 것인데 왜 그에게 화를 내야 하는가? 때로는 목숨을 거둬주는 것이 가장 진정한 형태의 연민이다.

만일 내가 경험 많은 의사로서 군대의 병원이나 부유한 자의 집에 가게 되었다면 다양한 질병으로 고통받는 사람들에게 똑같은 처방을 내리지는 않았을 것이다.[13] 우리가 사는 공동체를 치유하라는 명을 받아 그곳에 온 나는 그들의 마음에 온갖 악덕이 깃들어 있는 것을 본다. 질환이 다 다르므로 치료법도 그

---

13 앞에서도 세네카는 지방관이 국민을 다스리는 행위를 의사의 진료 행위에 비유한 적이 있다.

에 따라 달라져야 한다. 어느 환자는 약간의 절제를 통해, 어느 환자는 일정 기간 타지에 머물게 함으로써, 어느 환자는 고통을 통해서, 또 다른 환자는 박탈을 통해 가난을 안겨줌으로써, 그리고 어느 환자는 검으로써 치유할 것이다.

또한 만일 내가 법복을 뒤집어 입고 전쟁 나팔을 불어 집회를 소집한다면, 나는 분노나 적의를 갖고 판사석에 오르지는 않을 것이다.[14] 오히려 가장 공평한 법관의 얼굴로, 격분하기보다 나직하고 엄숙한 목소리로 격식에 맞는 말을 할 것이다. 그리고 어디까지나 화를 내지 않고 절도 있게 법의 집행을 명할 것이다. 죄가 있는 자에게 참수를 명하거나 제 아비를 죽인 자를 가죽 부대에 넣어 봉하게 하거나, 사람을 급파해 어떤 병사를 벌하게 하거나, 반역자나 국가의 적을 타르페이아의 벼랑[15]에 세울 때도, 나는 화를 거두고 뱀이나 독을 가진 짐승을 죽일 때와 똑같은 표정과 마음으로 임할 것이다.

▪

14 당시 로마에서는 죄인에게 사형을 선고하는 재판관은 검은 상복을 입었다. 세네카가 여기서 법복을 뒤집어 입는다고 한 것은 밝은 자줏빛 테두리를 두른 겉면이 안으로 가게끔 입는 것을 말한다. 그리고 이때는 전쟁 나팔을 불어 사람들을 불러 모아 증인이 되게 했다.

15 카피톨리누스 언덕에 있는 벼랑으로, 고대 로마에서 국사범을 밀어 떨어뜨려 처형한 곳이다.

"하지만 누군가를 벌할 때는 화가 필요합니다."

잘 알지도 못하고 한 번도 본 적이 없으며 아예 존재하지 않기를 바라는 자들에 대한 법의 태도가 너는 화라고 생각하는가? 천만에. 우리는 법의 정신을 본받아야 하며, 법의 정신이란 화가 아니라 흔들림 없는 단호함이다. 만일 악행에 대해 선한 사람이 화를 내는 것이 옳다면 악인들의 행운에 대해서는 시기하는 것이 합당할 것이다. 사실, 일부 부도덕한 자들이 그들에게 상응하는 어떤 불운도 겪지 않고 오히려 승승장구한다면 이보다 분노할 만한 일이 또 있겠는가? 하지만 선한 사람은 그들이 누리는 이익을 시기하지 않고 담담히 바라보듯, 그들의 범죄에 대해서도 화를 내지 않을 것이다. 훌륭한 재판관은 잘못된 행동에 유죄판결을 내릴 뿐 그를 증오하지는 않는다.

"그렇다면 선한 사람은 이런 일에 직면할 때 전혀 냉정을 잃지 않고 평소와 조금도 다름없다는 말인가요?"

물론 그 역시 약간의 미묘한 마음의 동요를 느끼리라는 것을 나는 인정한다. 제논이 말했듯, 현자의 마음에조차 상처가 아문 뒤의 흉터는 남을 것이다. 그 역시 격정의 희미한 흔적과 그림자를 느끼겠지만, 격정 그 자체에서는 자유로울 것이다.

이성이 더 강한가, 화가 더 강한가

17   아리스토텔레스는 어떤 종류의 격정은 적절히 사용하면 무기 구실을 한다고 말한다. 만일 격정이라는 것이 전쟁 무기처럼 그것을 사용하는 자의 판단에 따라 높이 쳐들어지거나 거두어질 수 있다면 그 말이 옳을 것이다. 하지만 아리스토텔레스가 덕으로 치부했던 격정이라는 이 무기는 오직 자기 자신의 명령에 따라 움직인다. 그것은 자신을 다루는 사람의 지시를 기다리지 않고 그들에게 소유되지 않으며, 오히려 그들을 소유한다.

　다른 무기는 필요 없다. 자연은 우리를 이성으로 충분히 무장시켜 주었다. 그것은 확실하고, 언제든 사용할 수 있게 항상 준비되어 있고, 순종적이고, 양날의 칼도 아니며, 주인을 향해 되돌아오지도 않는다. 이성은 어떤 일을 사전에 계획하거나 그 일을 행할 때도 그 자체만으로 충분하다. 사실, 이성이 화의 보호를 요구하고, 확고함이 불확실하게 흔들리는 것에 의지해야 하고, 믿을 만한 것이 믿지 못할 것에 의지해야 하고, 건강이 질병에 의지해야 한다면 그보다 더 어리석은 일이 어디 있겠는가?

　어떤 일을 끝끝내 이루어낼 때—이 경우에 그나마 화의 조력이 필요해 보일 수도 있지만—사실 이성 혼자서도 그 어느 때보다 단단하고 강하지 않은가? 왜냐하면 이성은 어떤 일이 행해져야 한다고 판단하면 온갖 고난에도 굴하지 않고 그 목적을 이룬다. 이성은 자신을 대체할 만큼 더 나은 것을 발견할 수 없을 것이기에 한 번 결정한 것에 대해 끝까지 흔들리지 않는다.

그러나 화는 종종 연민에 의해 밀려난다. 화는 오래 버티는 단단함이 없으며, 단지 화르르 타오르는 처음의 격렬함에 편승할 뿐이다. 그것은 마치 해풍이나 강과 습지를 넘어온 바람처럼 처음에는 거세지만 그 수명이 짧다.

사납게 휘몰아치며 맹공을 퍼붓던 바람은 얼마 못 가서 기세가 꺾이고, 잔인한 징벌 외에는 아무것도 안중에 없던 화는 막상 형이 집행되어야 할 때는 이미 한풀 꺾여 누그러진다.

격정은 쉽게 희미해지지만, 이성은 균형을 잘 유지한다. 하지만 가끔은 화가 여전히 꺼지지 않고 있을 때라도 죽어 마땅한 자들이 너무나도 많다면 두서너 명의 피를 보고는 형의 집행을 멈추기도 한다. 원래 최초의 타격이 날카롭다. 동면을 끝내고 구멍에서 처음 기어 나오는 뱀의 독은 치명적이지만, 잦은 공격으로 독을 다 쓰고 나면 독사의 이빨도 해가 없는 것과 마찬가지다.

따라서 같은 죄를 저지른 사람들이 똑같은 벌을 받지 않고, 보다 작은 죄를 범한 자가 더 큰 벌을 받게 되는 것은 그가 불운하게도 최초의 화 앞에 노출되었기 때문이다. 사실 화는 그 무엇보다 불공정하다. 화는 어느 때는 필요 이상 내달리고, 어느 때는 가야 할 곳보다 미리 멈춘다. 그것은 충동에 휘둘리고 변덕스러우며 증거 따위엔 귀를 기울이지 않으려 한다. 그것은 변호의 여지를 주지 않으려 하고 자신의 입장을 고집하며, 설사 자신의 판단이 틀렸다 할지라도 절대 권한을 놓지 않으려 한다.

18

이성은 양쪽에 모두 말할 시간을 주고, 스스로의 판단에도 유예의 시간을 가지면서 진실을 밝혀내고자 한다. 하지만 화는 정신없이 서두른다. 이성은 판결이 공정하기를 원하지만, 화는 단지 그것이 공정해〈보이기〉를 바란다.

  이성은 오로지 문제가 되는 그 사건만을 고려의 대상으로 삼지만, 화는 문제와는 상관없는 하찮은 것에도 흔들린다. 너무 태연자약한 얼굴, 너무 큰 목소리, 자유분방한 말투, 지나치게 멋 부린 복장, 지나치게 고집스런 자기 변호, 대중적인 지지. 이 모든 것이 화를 더욱 훨훨 타오르게 만든다. 종종 변호인을 향한 악감정 때문에 애꿎은 피고에게 유죄 판결이 내려지기도 한다. 설사 진실이 그 얼굴을 드러내도 사람들은 오히려 잘못을 더 옹호하고 지지한다. 그것은 자신이 반박당하는 것을 원치 않으며, 시작이 잘못되었더라도 재고하기보다는 그대로 밀고 나가는 것이 더 명예롭다고 생각하기 때문이다.

　내가 기억하기에 그나이우스 피소[16]는 많은 악덕을 행한 사람은 아니었지만 일관성이라고 보기는 어려운 편협한 완고함에서 비뚤어진 즐거움을 느꼈다. 언젠가 그는 동료를 놔두고 휴가에서 혼자 돌아온 병사에게 화가 나서 그에게 사형을 명하였다. 그 병사가 동료를 데려오지 않은 것은 그를 죽였기 때문이라고 판단했기 때문이다. 피소는 동료를 찾아 데려올 테니 시간을 달라는 병사의 간청을 거절했다. 병사가 성 밖으로 끌려나가 목을 내밀고 있을 때 살해당했다고 여겼던 그 동료가 갑자기 나타났다.

　처형을 감독하던 대장이 부하에게 칼을 거두라고 명하고 병사를 피소에게 데려갔다. 그는 동료가 살아 돌아왔으니 피소가 병사에게 다시 무죄판결을 내려줄 거라고 생각했다. 병영 전체가 큰 기쁨에 잠시 들끓은 후, 많은 군중이 모인 가운데 얼싸안은 두 사람이 피소 앞으로 안내되었다. 피소는 화가 난 얼굴로

▪

16　그나이우스 칼푸르니우스 피소는 A. D. 17년에 시리아를 다스릴 때 티베리우스의 양자 게르마니쿠스와 충돌하여 그를 죽음에 이르게 했다. 이 일화는 그의 경력상 초기에 속하는 아프리카 속주 총독 시절에 있었던 일로, 난폭하고 고집스러운 그의 성격은 타키투스의 글과도 일치한다.

재판석에 올라서기가 무섭게 두 사람에게 사형을 명했다. 살해 당하지 않았던 병사와 아직 처형당하지 않은 병사에게.

이보다 부당한 처사가 또 어디 있겠는가? 한 사람의 무고함이 밝혀졌기에 둘이 죽음을 당한 것이었다. 피소는 거기에 세 번째 사람을 추가했다. 이미 사형 집행 명령이 떨어진 죄인을 다시 데리고 온 바로 그 대장이었다. 그들은 똑같은 형에 처해졌다. 한 사람의 무죄로 인해 세 명이 목숨을 잃은 것이다.

격분할 구실을 찾아내는 데 있어서 화는 이 얼마나 능수능란한가! 피소는 말했다.

"나는 너에게 사형을 명한다. 너는 이미 사형 선고를 받았기 때문이다. 그리고 너는 동료의 단죄에 원인이 되었으므로 사형을 명한다. 또한 너는 처형을 하라는 지휘관의 명령에 복종하지 않았기에 사형을 명한다."

한 가지 죄도 찾아낼 수 없었기에 그는 세 가지 단죄의 이유를 만들어낸 것이었다.

19

화는 ─ 내가 강조하건대 ─ 이와 같은 사악한 특성을 갖고 있다. 그것은 통제되는 것을 싫어한다. 그것은 만일 진실이 자신의 의지에 반하는 것 같으면 진실 자체에 점점 더 분노하게 된다. 그것은 온몸을 부들부들 떨고 고함을 지르고 욕설과 저주의 말을 퍼부으며, 자기가 희생시키려고 작정한 사람을 끝까지 쫓아간다.

이성은 그렇게 하지 않는다. 하지만 필요하다면 이성은 말없이 조용히 일족의 뿌리를 뽑으며 나라에 해악을 끼친 자의 처자까지 모두 멸족시킨다. 이성은 그들의 저택을 허물어뜨려 평지로 만들고 적들의 이름조차 지워버린다. 하지만 어떤 경우에도 이를 악물거나 고개를 홱 쳐들거나 하는 등의 재판관에게 어울리지 않는 모습을 보여주는 일이 없다. 특히 중대한 판결을 내릴 때 재판관은 그 어느 때보다 침착하고 고요한 얼굴을 하고 있어야 한다.

히에로니무스[17]는 이렇게 묻는다. "누군가를 죽이려고 할 때 대체 무엇 때문에 당신이 먼저 이를 악무는가?" 지방 총독이 재판석에서 뛰어내려와 하급 관리에게서 권표權標를 낚아채고,[18] 남의 옷을 찢으려다가 잘 안 되자 자기 옷을 찢는 꼴을 히에로니무스가 보았다면 어떻겠는가?

∎

17 그리스 로도스 섬 출신의 철학자로, 아테네에서 활약했으며 철학 학교를 설립했다. 『화내지 않는 법』이라는 저술이 있다.

18 로마 외의 지역에서는 권표 가운데에 도끼가 묶여 있었기에 성질 급한 피소가 자신이 직접 사형을 집행하려고 부하의 권표를 낚아챘다는 일화가 있다.

식탁을 뒤엎고 바닥에 잔을 내동댕이쳐서 박살 내는 이유가 무엇인가? 기둥을 향해 돌진하고 머리칼을 쥐어뜯고 허벅지와 가슴팍을 치는 것이 무슨 의미가 있는가? 자기가 바라는 만큼 빠르게 남에게 화를 폭발시킬 수 없을 때 오히려 자기 자신에게 향하는 화란 얼마나 어리석은 것인가! 누군가가 그런 상태일 때 주위에서 뜯어말리고 자중할 것을 호소하는 것은 그래서이다.

화에서 자유로운 사람은 각자에게 합당한 벌을 내릴 때 이런 짓을 하지 않는다. 그는 악행을 하다가 발각된 자를 종종 풀어 주기도 한다. 만일 자신의 잘못을 후회하고 있어 개선의 여지가 보인다면, 만일 사악함의 정도가 깊지 않고 아직 마음의 곁에만 머물고 있다면 그는 벌을 주는 자에게도 받는 자에게도 해가 없는 집행유예를 내린다.

가끔 그는 작은 범죄보다 큰 범죄에 더 가벼운 벌을 내리는데, 죄는 크지만 그것이 잔학함에서가 아니라 실수로 저질러지고, 작은 범죄라도 교활하게 습관적으로 반복되는 경우가 이에 해당된다. 두 사람이 똑같은 죄를 범했는데 한 사람은 부주의한 탓이었고 다른 한 사람은 작정하고 저지른 범죄라면 그 벌이 다를 수도 있다.

그는 항상 처벌을 내릴 때마다 다음의 원칙을 가슴에 새길 것이다. 어떤 처벌은 악한 자를 교정하기 위함이고, 어떤 처벌은 그를 사회에서 제거하는 것이 목적이다. 두 가지 경우 모두 그는 과거를 보지 않고 미래를 바라볼 것이다.[19] 그리고 불굴의 악이 결국 어떤 결과를 맞이하게 되는지 굳이 그 본보기가 되고자 하는 자는 모든 이들이 보는 가운데 처형을 할 것이다. 그가 죽음으로써 다른 사람들이 파괴되는 것을 막을 수 있기 때문이다. 권력의 자리에서 생사를 결정하는 문제를 다룰 때 우리는 이런 점들을 깊이 생각하고 신중히 고려해야 한다. 그리고 침착함을 잃지 말고 세심한 주의를 기울여야 한다. 화난 자를 믿고 칼을 맡길 수는 없는 일이다.

화는, 바람처럼 공허하다

20 또한 우리는 화가 정신의 위대함에 뭔가 보탬이 된다고 생각해서는 안 된다. 그것은 위대함이 아니라, 해로운 액체로 가득 찬 몸이 팽팽하게 부풀듯 부풀어 오른 것

---

19 왜냐하면 플라톤이 말하듯, 현명한 자는 이미 저질러진 악행에 대해 벌을 내리기보다 앞으로 잘못을 저지르지 않도록 하기 위해 벌을 내리기 때문이다. 이미 저질러진 것은 되돌릴 수 없으나 아직 일어나지 않은 것은 미리 막을 수 있다.

이다. 병에 걸려서 체액이 부패하여 몸이 붓는 것은 성장의 결과가 아니라 오히려 치명적인 것이다.

정신착란 혹은 착각으로 인해 인간의 사고를 넘어서게 된 사람들은 자신이 뭔가 숭고하고 고귀한 기운을 발산한다고 믿는다. 하지만 거기에는 굳건한 토대가 없으며, 기초 없이 쌓아올려진 것은 언제 무너질지 모른다. 화는 그 기반이 튼튼하지 못하다. 그것은 오래 존속될 안정적인 것으로부터 야기되지 않으며, 바람처럼 공허하다. 그리고 화가 정신의 위대함으로부터 동떨어져 있는 것은 무모함이 용기와, 오만이 자신감과, 괴팍함이 단호함과 동떨어져 있는 것과 마찬가지다.

내 말을 귀담아 들어라. 숭고한 정신과 오만함 사이에는 엄청난 거리가 있다. 화는 아름다움이나 훌륭함 따위를 목적으로 삼지 않는다. 오히려 자신의 허약함과 과민함을 알고 있는 사람이 화를 통해 자신의 무기력함과 지친 마음을 드러내는 것이다. 마치 병들어 염증으로 뒤덮인 몸이 누가 살짝 스치기만 해도 신음소리를 내는 것과 마찬가지다. 그런 면에서 화는 계집애 같고 어린 아이 같은 악덕이다.

"하지만 남자도 화를 느낍니다."

그렇다. 남자에게도 어린 아이 같은 본성이 있기 때문이다.

"화난 사람이 하는 말은 그 어떤 것도 위대한 정신의 산물로 여겨질 수 없다는 뜻입니까?"

"저들이 나를 두려워하는 한, 증오하게 놔둬라."[20] 너무나도 혐오스럽고 끔찍한 이 말처럼 그것은 진정한 위대함이 무엇인지 모르는 사람들의 말이다. 이것이 술라의 시대에 글로 적힌 내용임을 너는 알 것이다. 누군가가 자신에게 증오심을 품기를 바라는 것이 더 나쁜지, 두려움을 품기를 바라는 것이 더 나쁜지 나는 모르겠다. "증오하게 놔둬라." 그들이 자신(칼리굴라)을 저주하고 음모를 꾸미고, 짓밟고 싶어 한다는 것을 그는 알고 있다. 증오심에 대해 그토록 대단한 치유책을 찾아낸 그에게 신의 재앙이 내려지기를. "증오하게 놔둬라." "그들이 복종하기만 하면?" 아니지 "그들이 굴복하는 한." 아니야. 그럼 무엇인가? "그들이 두려워하는 한."[21] 나는 그런 조건이라면 사랑을 받더라도 사양했을 것이다. 이런 말이 위대한 정신을 가진 자가 할 말이라고 생각하는가? 그렇다면 잘못 생각하는 것이다. 여기에는 한 치의 위대함도 없다. 오직 야수의 무자비함

■

20 기원전 2세기경의 비극작가 루카우스 아키우스가 한 말로, 사치와 온갖 학정을 펼쳤던 독재자 칼리굴라(가이우스 율리우스 카이사르 게르마니쿠스)가 권력의 모토로 삼았던 말, 즉 "저들이 나를 증오해도 상관없다. 중요한 것은 저들이 나를 두려워하고 내 앞에서 겁을 먹는다는 사실뿐이다."라는 말을 인용한 것이다.

21 이런 말투는 로마제국 제2대 황제인 티베리우스가 즐겨 사용했다.

이 있을 뿐이다. 화난 사람의 말을 너는 믿을 이유가 없다. 그들은 속으로는 잔뜩 겁을 먹었으면서 겉으로만 시끄럽게 떠들며 위협할 뿐이다.

누구보다 말재주가 뛰어난 티투스 리비우스가 "좋은 사람이라기보다는 위대한 사람"이라고 글로 쓸 때 그 말을 진실이라고 믿을 이유는 없다. 좋은 사람과 위대한 사람, 그 두 가지를 분리할 수는 없다. 품성이 좋은 사람이라면 위대하지 않을 리 없다. 내가 이해하기로 정신의 위대함이란, 그 뿌리부터 위까지 흔들림 없이 강인하고 단단하게 균형 잡힌 것이어서 나쁜 성품으로는 도저히 품어 안을 수 없는 것이다. 품성이 나쁜 사람은 무섭고 난폭하며 사나울지 모르지만 위대함은 결코 가질 수 없다. 위대함의 힘과 단단함은 선함에서 나오기 때문이다.

분명 그들이 하는 말이나, 그들이 보여주는 노력이나, 그들을 감싸고 있는 모든 치장들은 그들이 확실히 위대한 사람이라는 인상을 풍길 것이다. 가이우스 율리우스 카이사르 게르마니쿠스[22]가 천둥소리가 시끄러워서 무언극 배우들의 연기(실제로

■

22 앞 페이지에서 나온 칼리굴라를 말하며, 고대 로마제국 제3대 황제다. 게르마니쿠스의 아들이자 티베리우스의 양손자인 그는 암살을 당하는 것으로 4년간의 통치를 마감했다.

■ ■ ■

가이우스 율리우스 카이사르 게르마니쿠스. 그는 아버지의 병사들이 어렸을 때 지어 준 칼리굴라(작은 장화)라는 별명으로 더 유명하며 그렇게 불리기를 더 좋아했다. 그는 세네카의 책에 무자비하고 사악한 독재자의 예로 매우 자주 등장한다. 즉위 초기에는 선정을 베풀어 원로원, 군대, 민중에게 환영을 받았으나 점차 황제에 대한 숭배를 강요하는 등 포악과 낭비를 일삼고 재정을 파탄 내는 등 잔혹한 독재정치를 강행하다 결국 암살되었다.

그는 그들의 연기를 감상하기보다 흉내 내는 것을 더 즐겼다.)를 감상하는 데 방해가 되고, 흥청대며 잔치를 벌이는 자신들을 벼락(아, 애통하도다. 빗나간 조준이여.)이 깜짝깜짝 놀라게 한다며 하늘을 향해 버럭버럭 화를 낼 때 그랬듯이, 그들이 어떤 말을 할 때 사람들은 그것을 위대한 정신의 산물이라고 생각할지 모른다. 그는 유피테르[23]에게 결투를 신청하면서 — 패자의 목숨은 살려준다는 조건 없이 — 다음과 같은 호메로스의 시구를 그대로 부르짖었다.

나를 죽여라,
그렇지 않으면 내가 너를 죽일 것이다.[24]

이 무슨 미친 짓인가! 그는 유피테르조차 자신을 해치지 못할 거라고 믿었거나 혹은 자신이 유피테르를 해할 수 있다고 믿었던 것이다. 나는 이 말이, 그의 암살을 모의했던 음모자들의 결심을 이끌어내는 데 적잖은 영향을 미쳤을 거라고 믿는다. 유피테르에게조차 버럭버럭 화를 내는 사람을 참아주는 것

---

23 Jupiter, 로마 신화의 최고의 신으로, 그리스 신화의 제우스에 대응한다.
24 『일리아스』에서 아이아스가 오디세우스에게 했던 도전의 말이다.

은 인내의 한계를 넘는 걸로 보였으리라.

21 　　그렇다면 화에는, 설사 그것이 격렬하게 날뛰며 신들과 사람들을 깔보는 것처럼 보일지라도, 어떠한 위대함도 없다. 만일 화가 위대한 정신을 낳는다고 누군가가 생각한다면 차라리 사치가 위대한 정신을 가져다준다고 생각하게 하라. 사치는 상아로 만든 의자에 앉아 자줏빛 옷으로 온몸을 감싸고 금으로 지붕을 얹기를 원한다. 그것은 대지를 옮기고, 바다를 막고, 없던 폭포를 만들고, 공중에 정원을 매달고 싶어 한다.

　혹은 그에게 탐욕이 위대한 정신의 특징이라고 생각하게 하라. 그것은 금은더미를 끌어안고, 속주의 이름으로 통하는 토지를 경작하며, 개개의 토지 관리인들이 맡은 토지가 한때 집정관에게 할당되었던 것보다 더 넓다.

　혹은 욕정 또한 위대한 정신의 상징이라고 생각하게 하라. 그것은 해협을 헤엄쳐 건너고 수많은 소년들을 거세하고 죽음을 비웃으며 남편의 칼날을 향해 뛰어든다. 야망 또한 위대한 정신의 증거로 여기게 하라. 그것은 일 년의 임기로는 모자라서 가능하다면 집정관의 이름을 적은 기록부를 오직 자신의 이름으로만 도배하고 싶어 하고[25] 온 세상에 수없이 많은 기념비를 세우고 싶어 한다. 이 모든 것들은 그것이 아무리 널리 퍼지든 편협하고 비참하고 천박한 것들이다. 오로지 미덕만이 숭고하고 고귀하다. 무엇이든 위대한 것은 동시에, 평화롭다.

■

25 1월 1일에 취임한 두 명의 집정관의 이름을 그 해(曆年)의 이름으로 명명하였다.

제 2 권

화에 대하여 II

화는 마음의 동의하에 일어난다

<u>1</u>　　노바투스여, 제1권에는 주제가 무척 풍부했다. 악덕의 미끄러운 비탈길은 쉽게 굴러 내려갈 수 있다. 이제 우리는 논의의 범위를 조금 더 좁혀 들어가야 한다. 우리 앞에는 화가 판단의 과정을 거쳐 시작되는지, 아니면 단순한 충동인지를 가늠해야 하는 문제가 가로놓여 있다. 그러니까 그것이 우리의 의지에 의해 발동되느냐, 혹은 우리 내면에서 진행되는 많은 일들이 그렇듯 우리가 자각하지 못하는 사이에 일어나느냐 하는 것이다. 우리의 논의가 이렇게 상세한 부분까지 깊이 내려가야 나중에 숭고한 주제에까지 다다를 수가 있다.

우리의 몸에서도 뼈대와 힘줄, 관절같이 몸 전체를 형성하고 생명 유지를 담당하는 부분은 보기에 아름다운 것은 아니나 그것이 먼저고, 그 다음으로 우리의 얼굴과 외양을 아름답게 해주는 요소들이 더해진다. 그리고 몸이 다 갖춰진 이후에 맨 마지막으로, 무엇보다 보는 이들의 시선을 사로잡는 건강한 안색이 나온다.

자, 이제 우리가 부당한 일을 당했다는 데에 자극을 받아 화가 난다는 사실은 의심할 여지가 없다. 문제는 그런 상황에 맞닥뜨리자마자 마음과의 합작 없이 화가 바로 발동되느냐, 아니면 마음의 동의하에 일어나느냐 하는 것이다. 화는 혼자서는 결코 어떤 모험도 감행하지 않으며 오직 마음의 동의가 있어야만 야기된다는 것이 우리(스토아 학파)의 견해다. 부당한 일을 당했다고 생각하는 것, 그것에 대한 보복을 열망하는 것, 그리고 사람이 위해를 입어서는 안 된다는 것과 남에게 해를 끼친 자는 보복을 당해야 한다는 두 가지 명제를 결합시키는 것. 이 중에 그 어떤 것도 우리의 의지와 무관하게 단지 충동에 의해 일어날 수는 없다.

2 너는 묻는다.
"그것을 알아야 하는 이유가 무엇입니까?"

화가 무엇인지 알기 위해서다. 왜냐하면 만일 화가 우리의 의지와 아무런 상관이 없다면 화는 절대로 이성에 굴복하지 않을 것이기 때문이다. 사실, 우리의 의지와 무관하게 일어나는 현상들은 우리가 제어할 수도, 피할 수도 없다. 찬물을 끼얹었을 때 덜덜 떨리는 것, 싫은 것을 만질 때 손을 움찔하게 되는 것, 끔찍한 소식을 들었을 때 머리카락이 쭈뼛 곤두서는 것, 외설적인 말을 들었을 때 얼굴이 붉게 상기되는 것, 낭떠러지에서 밑을 내려다볼 때의 아찔한 현기증 등이 이에 해당된다. 이런 반응들은 우리의 권한 밖에 있으며 이성으로는 그것이 일어나는 것을 막을 수가 없다.

그러나 화는 이와 반대로, 우리의 명령으로 패주시킬 수가 있다. 화는 우리의 의지에 좌우되는 마음의 잘못이기 때문이다. 그것은 우리가 인간으로서 숙명적으로 겪게 되어 있어 제아무리 최고의 현자일지라도 피할 수 없는 그런 일이 아니다.

우리가 부당한 일을 당했다고 믿을 때, 우리를 뒤흔드는 최초의 정신적 충격은 이성과는 무관하다. 심지어 우리가 연극을 보거나 역사책을 읽을 때 우리를 엄습하는 느낌도 마찬가지다. 우리는 종종 키케로를 추방한 클로디우스에게, 키케로에게 죽음을 명한 안토니우스에게 분노를 느낀다. 그리고 마리우스의 군대에 대해, 술라가 만든 살생부에 대해 그 누가 전율하지 않을 수 있겠는가? 또 그 누가 테오도투스와 아킬라스에게, 그리고 아직 어린 아이[1]가 어린애답지 않은 범죄를 저지른 데 대해 분개하지 않을 수 있겠는가?

가끔은 어떤 노래가 우리의 마음을 흔들어놓고, 두 배로 빨라진 곡조 혹은 우렁찬 진군나팔 소리도 우리의 마음을 동요시킨다. 그리고 끔찍한 그림이나, 아무리 정당한 집행이라 할지라도 처형 장면을 보면 우리는 전율을 느낀다.

누군가가 미소를 지어 보이면 우리도 따라서 미소를 짓게 되는 것처럼, 슬픔에 잠긴 문상객들 사이에 있으면 우리도 슬퍼진다. 다른 사람들이 결투하는 모습을 보고 있으면 우리도 덩달아 흥분을 느낀다. 하지만 이런 반응은 화라고 할 수 없다. 마치 우리가 무대에서의 난파 장면에 얼굴을 찌푸리는 것이 진정한 슬픔이 아니고, 칸나에 전투 후에 한니발 장군이 어떻게 로마의 성벽을 포위했는지를 읽으면서 사람들이 느끼는 감정이 두려움이 아닌 것과 마찬가지다. 이것들은 모두 저절로 일어나는 마음의 움직임이다. 이것은 격정이 아니며 격정의 서곡 같은 것이다.

■

[1] 프톨레마이오스 13세를 말한다. 클레오파트라 7세의 남동생이자 남편으로, 카이사르에게 패배해 알렉산드리아로 도망쳐온 폼페이우스를 살해하라는 명령을 내린다.

마치 그것은 군인은 전시가 아닌 평상시에도 나팔소리가 들리면 긴장하게 되고, 창이 부딪히는 소리가 들리면 진영의 군마가 몸을 부르르 떠는 것과 마찬가지다. 알렉산드로스는 크세노판투스[2]가 피리를 불면 자기도 모르게 무기로 손이 나아갔다고 한다.

3 이처럼 단순한 마음의 움직임에 지나지 않는 반응에는 〈격정〉이라는 단어가 적용되어서는 안 된다. 굳이 표현하자면 우리 마음이 이런 반응을 불러일으킨다기보다 이런 반응으로 마음이 고통을 받는 것이다. 격정은 우리가 받은 어떤 인상에 대한 자동적인 반응으로 일어나는 것이 아니라, 우리가 자신을 그 인상에 내맡기고 마음에서 일어나는 최초의 움직임을 끝까지 따라가는 데에서 온다.

창백해지는 안색, 주르륵 흘러내리는 눈물, 어떤 자극에 대한 최초의 성적 흥분, 깊은 한숨, 갑자기 날카로워지는 눈초리 등은 모두 저절로 일어나는 자동반응이다. 이것들을 격정의 확

■

[2] 크세노판투스가 연주한 것은 실은 아울로스라는 오보에 계통의 이중 리드 악기였다. 하지만 연주자는 크세노판투스는 아니었을 것으로 보인다. 그는 알렉산드로스가 세상을 떠나고 40년 후인 B. C. 282-3년쯤에야 명성이 최고에 달했다.

실한 징표이며 마음이 개입되어 있다는 표시라고 여기는 사람이 있다면 그는 잘못 이해한 것이다.

가장 대담한 사람이라 할지라도 온몸에 무기를 두르는 순간에는 안색이 창백해지고, 가장 용감무쌍한 병사라도 전투의 나팔이 울려 퍼지면 조금은 무릎이 떨린다. 가장 위대한 지휘관도 마주선 양쪽 군사들이 격돌하기 직전에는 심장이 쿵쿵거리고, 최고로 달변인 연설가도 대중 앞에 서서 마음을 가다듬는 동안 손끝발끝이 굳어온다.

화는 단지 〈일어나는〉 것이 아니라 〈공세적인〉 것이어야 한다. 그것은 일종의 적극적인 추구이기 때문이다. 이성의 동의 없이는 어떤 추구도 일어나지 않으며, 이성이 의식하지 못하는 상태에서 복수나 징벌을 추구할 수는 없다. 누군가가 부당한 일을 당했다는 생각에 복수를 원하다가 이성이 발동해서 즉각 마음을 가라앉힌다고 생각해보라. 나는 이것은 화라고 하지 않고, 아직까지는 이성의 명령에 따르는 〈마음의 움직임〉이라고 부른다. 이성을 가뿐히 뛰어넘어 홱 낚아채서는 마구잡이로 휩쓸고 가는 것이 바로 화다.

그러므로 위해를 당했다는 인상이 만들어내는 마음의 동요, 즉 가슴이 철렁하는 최초의 느낌은 화가 아니다. 이는 위해를 당했다는 인상 자체가 화가 아닌 것과 마찬가지다. 화는 그 이

후에 생겨나는 의식적인 움직임, 그러니까 위해를 당했다는 인상을 받아들일 뿐 아니라 그것을 사실로 인정하는 것, 그것이 화다. 화는 의지와 판단에 의해 복수라는 목표를 향해 돌진한다. 두려움에는 회피의 충동이 따르고, 화에는 목표를 향해 돌진하려는 충동이 수반된다는 것은 의심의 여지가 없다. 그렇다면, 네가 어떤 것은 적극적으로 추구하고 어떤 것은 조심스럽게 접근할지를 가늠하는 일이 과연 마음의 동의 없이 이루어질 수 있는지 생각해보라.

사악한 행동에 대해서 화를 내는 것은 옳은가

4 자, 그럼 격정이 어떻게 시작되고 어떻게 커져서 어떻게 휩쓸려 가는지 설명하겠다. 처음에는 자기도 모르는 어떤 움직임, 격정의 준비 단계 같은 것, 말하자면 일종의 위협적인 신호가 있다. 그 다음 두 번째 움직임에는 "나는 부당한 위해를 당했으므로 보복을 하는 것이 옳다.", 혹은 "이 자는 죄를 지었으므로 벌을 받아 마땅하다."라는 취지의, 아직 무모하지는 않은 감정의 표출이 수반된다. 세 번째 움직임은 이미 이성이 완전히 무너져버렸기에 통제 불능이며, 그것이 적

절하든 적절하지 않든 개의치 않고 복수를 꿈꾼다.

최초에 찾아오는 움찔하는 느낌은 이성의 힘으로는 피할 수 없다. 누군가가 손가락으로 너의 눈을 찌르려 하면 저절로 눈을 감게 되고 다른 사람이 하품을 하면 자기도 모르게 따라하게 되는 것과 마찬가지로 이성으로는 그것을 극복할 수 없다. 물론 우리가 거기에 점차 익숙해지고 조심하려고 계속 신경을 쓴다면 그 강도가 약해질 수는 있다. 하지만 두 번째 움직임은 숙고에 의해 생겨나고 숙고에 의해 제거된다.

5 이제 우리는 다음과 같은 의문을 가질 수 있다. 잔학함이 몸에 배어 남이 피를 흘리는 것을 보고 즐거워하는 사람들은 ─ 이를 테면 아폴로도루스나 팔라리스[3] 같은 사람들이 그런 부류다 ─ 실제로 자신에게 어떤 위해도 가하지 않았고 본인 자신도 그에게서 어떤 해를 입지 않았다고 믿는 사람들을 죽일 때 과연 화를 느끼느냐 하는 것이다.

이것은 화가 아니라 야수성이다. 야수성은 자신이 위해를 당

---

3 아폴로도루스는 기원전 3세기경 마케도니아 카산드레이아의 참주로, 그는 자신의 지지자들을 식인행위에 연루시킴으로써 그들을 자신에게 묶어놓았다. 팔라리스는 기원전 6세기 시칠리아 섬 아크라가스의 참주로, 적들을 속이 빈 청동 황소 조각상 속에 넣고 산 채로 불에 구웠다고 한다.

한 만큼 갚아주기 위해 상대에게 해를 입히는 것이 아니다. 그것은 오직 상대에게 해를 입힐 수만 있다면 심지어 자기도 위해를 당할 각오가 되어 있다. 이들은 복수가 아닌 쾌락을 위해 채찍질을 하고 남의 살을 찢는다.

간단히 말해 이 같은 악은 처음에는 화로 시작되나, 그것이 제멋대로 과잉으로 행사되는 일이 자주 되풀이되면서 관용도, 인간으로서의 유대감도 모두 상실하고 마침내 잔인함으로 변해버린 것이다. 이들은 기쁨의 웃음을 흘리고 자신들이 누릴 수 있는 모든 쾌락을 남김없이 누리며, 야수 같은 잔인함을 유희로 삼으면서 화난 사람과는 완전히 딴판인 얼굴을 하게 된다.

도랑물이 벌겋게 피로 물든 것을 보고 한니발이 이렇게 말했다고 한다. "아, 얼마나 아름다운 광경인가!" 그것이 도랑물이 아니라 강이나 호수였다면 얼마나 더 아름다웠겠는가! 유혈의 참사 속에서 태어나 어려서부터 살육에 친숙해진 그대일진대 이런 장면에 끌리는 것이 무에 놀랄 일이겠는가? 앞으로 이십 년은 행운이 그대의 편이어서 그 잔학성을 충족시켜줄 것이고, 트라시메네 호수에서, 칸나에 근교에서, 그리고 마침내 그대의 본거지인 카르타고에서 그대의 눈이 좋아할 광경들을 마음껏 보게 될 것이다.

그리 오래지 않은 과거에는 볼레수스가 있다. 신격화한 아우구스투스 휘하의 아시아 식민지 총독이었던 볼레수스는 단 하루에 삼백 명을 도끼로 쳐 죽이고는 오만방자한 얼굴로 시체 사이를 누비면서 마치 무슨 위대하고 대단한 업적이라도 세운 양 그리스어로 이렇게 외쳤다고 한다. "이 얼마나 왕이나 할 법한 행동인가!" 만일 그가 왕이었더라면 무슨 짓을 했을까? 이는 분노에서 나온 행동이 아니라 치유 불가능한 엄청난 악이다.

6 반론: "덕이 명예로운 행동에 대해 호의적인 것과 마찬가지로, 비열한 행동에 대해서는 화를 내야 마땅하지 않습니까?"

덕은 비굴한 동시에 훌륭해야 한다고 누군가가 말한다면 어떻겠는가? 그것은 덕을 치켜세우면서 동시에 끌어내리고자 하는 것과 마찬가지다. 올바른 행동에서 나오는 기쁨은 찬란하고 아름다운 반면, 다른 사람의 잘못된 행동에서 야기된 화는 비열하고 초췌한 정신을 드러내준다.

게다가 악을 저지한답시고 덕이 악을 흉내 내는 잘못을 범하는 일은 결코 없을 것이다. 덕은 화를 질책해야 하는 대상으로 여긴다. 화는 그 원인이 되는 악행보다 나을 것이 없고, 오히려 그보다 더 나쁜 경우도 종종 있다. 기뻐하고 즐거워하는 것이 덕의 본래 특성이다. 화를 내는 것은 비탄에 잠기는 것 못지않게 덕의 고결한 지위와는 어울리지 않는다. 반면에 격노는 슬픔의 벗이고, 그것이 후회를 하거나 퇴짜를 맞은 뒤에는 어쩔 수 없이 슬픔으로 변하기도 한다.

  그리고 이렇게 생각해보라. 만일 잘못된 행동에 대해 화를 내는 것이 현자로서 합당한 일이라면 잘못이 크면 클수록 그의 분노는 클 것이고 그는 더 자주 화를 낼 것이다. 그렇다면 현자는 그저 화를 내는 것이 아니라 툭하면 화를 잘 내는 성격일 것이다. 만일 더 크게 더 자주 화를 내는 것은 현자의 정신과 어울리지 않는다는 것이 우리의 믿음이라면 그가 완전히 화로부터 자유로워지도록 해방시키는 것이 옳지 않을까? 만일 각각의 악행에 맞게 딱 그만큼만 화를 내야 한다면 화에 제한을 두는 것은 불가능하기 때문이다. 만일 네가 정도가 다른 악행에 대해 똑같은 화를 낸다면 너는 불공정한 사람일 것이고, 화를 낼 만한 일이 있을 때마다 최대치의 화를 터뜨린다면 너는 터무니없이 화를 많이 내게 될 것이다.

7   자, 현자의 격정이 다른 사람의 사악함에 좌우된다면 이보다 더 무가치한 일이 어디 있겠는가? 저 위대한 소크라테스도 집을 나올 때와 똑같은 표정으로 집에 돌아갈 수 없단 말인가? 만일 현자가 비열한 행위에 대해 항상 화

를 내야 하고 범죄적 행위로 인해 짜증을 내고 우울해해야 한다면, 그는 세상에서 가장 괴로운 사람일 것이다. 아마 평생을 분노와 비탄 속에서 보내야 할 테니 말이다.

책망해야 할 일이 그의 눈에 띄지 않는 순간이 단 한순간이라도 있을까? 집을 나설 때마다 그는 죄짓는 자들, 탐욕스러운 자들, 방탕아들, 파렴치한들, 그리고 그런 악덕에 편승해 이익을 챙기는 사람들 사이를 헤치고 걸어가야 할 것이다. 아마 분개할 광경과 마주치지 않고서는 어디 한 군데 눈길 둘 곳조차 없을 것이다. 그럴 때마다 번번이 화를 터뜨려야 한다면 그는 이내 녹초가 되고 말 것이다.

동이 트자마자 수천의 사람들이 서둘러 광장으로 걸어간다. 그들은 얼마나 비열한 송사를 벌이고 있고, 그들의 변호인은 얼마나 더 비열한가! 어떤 자는 자신의 상속권을 박탈한 아버지의 유언에 소송을 제기한다. 아마도 그냥 순순히 유언을 따르는 편이 더 나았을 것이다. 또 다른 자는 제 어미를 법정에 세운다. 어떤 자는 자기 잘못이 더 큰 사건에 대해 밀고를 하려고 법정에 온다. 재판관으로 선출된 사람은 자기도 똑같이 저지른 잘못을 단죄하고, 변호인의 번지르르한 말솜씨에 넘어간 구경꾼들은 죄를 지은 자들에게 더 호의를 보이며 그들 편에 선다.

8   왜 개개의 사건들을 자세히 들여다보는가? 오합지졸로 가득한 광장, 사람들이 웅성대는 투표소, 그리고 가장 많은 대중들이 모인 원형광장을 볼 때, 그 사람들의 머릿수만큼이나 많은 악덕이 존재함을 명심하라.

군복이 아닌 평복을 입고 있어도 그들에게 평화는 없으며 자기들끼리 계속해서 싸우고 있다. 그들은 작은 이익에 눈이 멀어 서로를 죽인다. 누군가의 이익은 다른 사람의 손해를 바탕으로 얻어진 것이다. 그들은 부자를 증오하고 가난한 자를 경멸하며, 자기보다 나은 사람을 원망하고 자기보다 못한 사람은 괴롭힌다. 그들은 온갖 욕망에 선동되어 하찮은 즐거움을 추구하고, 뭐든 남의 것을 약탈해 제 손에 넣으려 기를 쓴다. 그들의 삶은 검투사 학교와 전혀 다를 게 없어서 자기들과 더불어 살고 있는 사람들과 맞붙어 싸우고 있는 셈이다.

마치 짐승들의 집단 같다.[4] 하긴 짐승들은 적어도 자기들끼리는 물어뜯지 않고 평화롭게 지내는 반면 이들은 서로를 갈기갈기 찢어 자신의 이익을 취한다. 그들의 이 한 가지가 말 못하

■

4 이 문장은 "인간은 인간에 대해 늑대다."라는 플루타르코스의 문장을 연상시킨다 (나중에 홉스에 의해 차용됨). 세네카는 그런 〈짐승 같은〉 행동은 인간의 본성에 어울리지 않는다고 보았다.

는 짐승들과 다르다. 동물은 자기를 거두어주는 주인의 말을 잘 듣지만, 이 인간들은 먹을 것을 주는 사람의 손을 미친 듯이 물어뜯는다.

9   현자가 한 번 화를 내기 시작하면 절대 그칠 일이 없을 것이다. 도처에 범죄와 악덕이 득실득실하다. 일일이 징벌로 다스릴 수도 없을 만큼 많은 범죄들이 저질러진다. 우리는 사악함이라는 강력한 적수와 교전을 벌이고 있다. 대규모 전투다. 잘못을 저지르고 싶은 욕망은 매일매일 커지고 적절한 자기 절제는 날로 줄어든다. 더 나은 것, 더 정당한 것에 대한 관심은 내던져지고, 욕망이 어디든 제멋대로 활보한다. 이제 범죄는 남들의 눈을 꺼리지도 않고 바로 우리가 보는 앞에서 당당하게 저질러진다. 사악함은 너무나 넓게 퍼져 있으며 모든 이들의 가슴속에서 위세를 떨친다. 사람들의 가슴속에 청정무구함은 찾아보기 어렵다. 아니, 아예 존재하지도 않는다.

  법을 어기는 자들이 그저 몇몇 개인이거나 일부에 지나지 않는가? 그렇지 않다. 마치 돌격 명령이 떨어지기라도 한 것처럼 그들은 사방에서 튀어나와 선과 악의 경계를 무너뜨리고 혼란에 빠뜨린다.

주인은 손님으로부터 안전하지 못하고,
장인은 사위에 대해 마음 놓지 못한다.
심지어 형제간의 우애도 온데간데없다.
남편은 아내가 죽기를 열망하고,
아내 또한 다르지 않다.
무시무시한 계모는 지독한 독을 섞고,
아들은 때 이르게 제 아비의 남은 수명을 궁금해한다.[5]

이것들은 범죄 중에서도 얼마나 작은 파편에 지나지 않는가. 여기에 빠진 것들이 있다. 한때는 하나로 출발했으나 지금은 적이 된 두 군영, 아비와 아들이 서로 다른 편에 충성을 맹세하고, 시민이 제 손으로 모국 땅에 불을 놓고, 처벌자로 그 이름이 공포된 자들의 은신처를 찾으러 부산하게 움직이는 적 기병의 대열, 독으로 오염된 성스러운 샘물, 인위적으로 퍼뜨린 역병, 부모들을 가두기 위해 성벽 주위에 둘러친 해자垓字, 넘쳐나는 감옥, 수많은 도시들을 잿더미로 만든 방화, 무시무시한 폭군들, 왕권과 공개 처형을 위한 은밀한 계획들, 힘으로 제압

---

5 이 마지막 행은 아버지에게서 언제쯤 유산을 물려받을 수 있을지 별점을 쳐서 알아보려는 아들의 이야기를 언급한 것이다.

할 수 있을 때는 범죄로 여겨지나 이제는 찬양의 대상이 되는 행위들, 한계를 모르는 정욕으로 저질러지는 강간과 성폭행. 여기에 더해서 국가 간의 약속이 위반되고 조약은 파기되고, 저항할 힘조차 없는 자들에게서 힘센 자가 닥치는 대로 거둬들이는 전리품과 사취, 도둑질, 속임수, 약속 위반. 그 범죄들을 모두 다루려면 광장을 지금의 세 배로 늘려도 부족할 것이다! 만일 그 모든 수치스런 범죄들이 요구하는 만큼 현자가 분노하는 것이 너의 바람이라면 그는 화를 내다가 미쳐버려야 마땅하다.

화는 두려워할 만한 것인가

10　　차라리 인간이 저지르는 실수에 대해서는 우리가 화를 내서는 안 된다고 생각하는 편이 나을 것이다. 어둠이 너무 깊어서 한 걸음을 떼어놓기도 어려운 사람에게 화를 낸다면 어떻겠는가? 귀가 어두워 명령을 듣지 못하는 사람들에게 화를 낸다면? 또래와 어울려 철없는 장난을 하며 노느라 정신이 팔려 할 일을 소홀히 하는 아이들에게 화를 낸다면? 늙고 몸이 아프고 지친 자에게 굳이 화를 내야만 한다면? 죽어야 할 운명을 타고난 인간이 안고 있는 모든 불리한 조건들 중에

는 이것도 있다. 바로 우리 마음을 채우고 있는 어둠, 어쩔 수 없이 저질러지는 잘못뿐만 아니라 곁길로 나가는 것을 오히려 더 좋아하는 인간의 속성 말이다.

그 개개인에게 전부 화를 내지 않으려면 너는 모두를 한꺼번에 용서해야 한다. 인간은 용서를 받을 자격이 있다. 만일 네가 어떤 잘못에 대해 젊은이와 늙은이에게 화를 낸다면 젖먹이에게도 화를 내라. 장차 어차피 잘못을 저지르게 될 테니까. 사리 분별 능력이 없는 어린 아이들에게 화를 내는 사람은 분명 없을 것이다. 그렇지 않은가? 하지만 인간이라는 것, 그것은 어리다는 것보다 오히려 더 정당하고 더 엄청난 용서의 이유가 된다.

이것들은 인간이 타고난 조건이자 운명이다. 육체의 병 못지않게 마음에도 온갖 질병이 걸리는 존재, 자신이 가진 재능을 악용하는 데는 분명 느리지도 둔하지도 않은 존재, 서로가 서로에게 악덕의 본보기가 되어주고 있는 그 모든 사람들. 누군가가 만일 앞서간 사람들을 따라서 잘못된 길로 나아가고 있다면 그에게는 변명할 거리가 얼마든지 있을 것이다. 그는 그저 많은 사람들이 걸어갔던 평범한 공공도로를 따라갔을 뿐이니 말이다.

병사 한 개인의 잘못에는 지휘관이 엄격함을 보일 수 있어도 병영 전체가 등을 돌렸다면 용서하지 않을 수 없다. 무엇이 현자에게서 분노를 거두어 가는가? 악행을 저지르는 사람들이 너무나 많다는 것이다. 그는 거의 일반화된 악덕을 향해 화를 내는 것이 얼마나 터무니없고, 얼마나 위험스러운지를 알고 있다.

헤라클레이토스는 집을 나설 때마다 인생을 잘못 살아가고 있는(아니, 잘못 죽어가고 있다고 말해야 할 것이다.) 수많은 사람들을 보았고, 기뻐하고 행복해하는 모든 사람들을 향해서도 연민의 눈물을 흘렸다고 한다. 그는 따뜻한 마음을 가졌지만 심성이 너무나 연약했던 사람 중 하나였으리라. 이와 대조적으로 데모크리토스는 남들 앞에서 항상 웃음을 멈추지 않았다. 사람들이 진지하게 추구하고 있는 모든 일들이 그에게는 전혀 심각하게 보이지가 않았다. 거기에 화가 끼어들 자리가 어디 있는가? 세상에는 오직 우리가 울어야 할 일이거나 웃어야 할 일들뿐인데.

현자는 잘못을 저지르는 사람들에게 화를 내지 않을 것이다. 왜 그런가? 현자는 현자로 태어나는 것이 아니라 현자가 되어가는 것이며, 그런 사람은 고금을 통해 매우 소수에 불과하다는 것, 그리고 인간의 삶을 규정하는 조건들을 그가 완전히 인식하게 되었기 때문이다.

정신이 온전한 사람이라면 자연을 향해 화를 내지는 않을 것이다. 삼림지의 가시나무에 왜 열매가 달리지 않고 가시 돋친 찔레덤불에 왜 과일이 열리지 않느냐고 성화를 부리는 것은 얼마나 쓸데없는 짓인가? 자연이 옹호하는 허물에 대해 화를 내는 사람은 없을 것이다.

현자는 또한 잘못에 직면했을 때 온화하고 침착한 얼굴을 하고, 잘못을 저지르는 사람들을 적으로 돌리는 것이 아니라 그 행동에 대한 교정자로서 매일 이런 생각을 가슴에 품고 집을 나선다. "나는 오늘도 만나게 될 것이다. 술에 빠져 살고, 정욕으로 가득하고, 감사할 줄 모르고, 탐욕스럽고, 야망의 노예가 된 수많은 사람들을." 그 모든 행동들을 그는 환자를 대하는 친절한 의사의 마음으로 바라볼 것이다.

배의 이음매들이 사방으로 느슨해지고 틈이 벌어져서 배 안으로 물이 많이 들어올 때 선장이 선원들에게, 혹은 배 자체에 화를 내지는 않을 것이다. 그렇지 않은가? 그보다는 팔을 걷어 붙이고 달려가 더 이상 물이 들어오지 않도록 바다에 괸 물을 파래박으로 퍼내고, 보이는 틈은 최대한 틀어막고, 배 밑바닥에 물이 스며들게 하는 보이지 않는 틈에 대해서도 대응을 멈추지 않을 것이다. 퍼내도 퍼내도 물이 줄지 않고 자꾸만 더 들어온다고 해서 그가 하던 일을 내팽개치지는 않을 것이다. 없어지지 않고 자꾸 생겨나는 악에 맞서서 지속적인 노력이 필요한 것은 악을 근절하기 위해서가 아니라 그것이 우위를 차지하지 않도록 하기 위해서다.

11   반론: "사악한 자들이 우리를 무시하지 못하게 하고 그들이 두려움을 갖고 물러나게 하는 데는 화가 도움이 됩니다."

내 생각은 이렇다. 첫째, 만약 우리의 화가 남에게 위협이 될 만큼 강력하다면 그것은 두려움을 불러일으키며, 그 사실 때문에 우리는 증오의 대상이 된다. 무시당하는 것보다 두려움의 대상이 되는 것이 더 위험하다. 반면에 우리의 화가 별로 힘이 없다면 오히려 남들에게 경멸을 당하고 조롱거리가 될 뿐이다. 그렇다면 아무 소득도 없이 식식거리며 화를 내는 것만큼 한심한 일이 또 어디 있겠는가?

둘째, 어떤 것이 남들에게 두려움의 대상이 된다고 해서 더 강한 것은 아니다. 나는 두려움의 대상이 된다는 것이 현자에게도 역시 무기가 되어줄 거라고 말하고 싶지 않다. 그것은 야수들에게나 무기가 된다. 열병, 통풍, 악성종양은 모두 사람들이 두려워하는 것들 아닌가? 하지만 그것들 안에는 한 치의 선함도 없다. 그렇지 않은가? 반대로 혐오스럽고 추악하고 비천한 것들은 바로 그런 이유로 모두에게 두려움의 대상이 된다. 이처럼 화는 그 자체가 혐오스럽고 역겨운 것일 뿐 진짜 두려워할 것은 전혀 못 된다. 마치 추악한 탈을 쓰면 어린 아이들이 두려워하듯 많은 사람들이 화를 두려워하는 것뿐이다. 화는 반드시 화를 낸 자에게로 되돌아오고, 자신이 남들에게 두려움의 대상이 되지 않는 한 스스로 두려워할 게 없다는 사실은 어떠한가? 이 시점에서 라베리우스의 유명한 시구를 생각해보라. 내란이 한창일 때 이 시구가 극장 안에 울려 퍼지자 모든 이들이 관심을 집중했다. 그것은 마치 여론의 목소리 같았다.

> 많은 사람들이 두려워하는 자는
> 필히 두려워해야 할 대상이 많다.[6]

자연은, 무엇이든 다른 존재들의 두려움으로 강력해진 존재는 스스로도 두려움으로부터 자유로울 수 없도록 정해두었다. 사자는 아주 작은 소리에도 놀라 전율한다. 가장 사나운 짐승들도 어두운 그림자, 알 수 없는 소리, 익숙하지 않은 냄새에 질겁한다. 상대를 떨게 하는 존재는 누구나 자기도 두려움에 떤다. 그렇다면 현자가 두려움의 대상이 되기를 갈망할 이유가 없고, 단지 사람들이 화를 두려워한다고 해서 그것을 위대하다고 생각할 이유도 없는 것이다. 독극물, 역병에 썩어가는 뼈,

---

6 로마의 기사이자 무언극 작가인 데키무스 라베리우스가 쓴 무언극의 서문 중 일부다.

짐승의 이빨처럼 가장 혐오스러운 것들도 두려움의 대상이 된다는 것을 현자는 알고 있다.

밧줄에 드문드문 깃털을 꽂아서 매달아 놓으면 돌진하는 엄청난 짐승의 무리를 저지할 수 있고 그들을 함정으로 몰아넣을 수 있다는 것은 놀랄 일이 아니다. 그들을 두렵게 만들면 이런 결과를 얻을 수 있다. 어리석은 것들은 어리석은 것에 놀라기 때문이다. 마차의 움직임과 바퀴가 빠르게 회전하는 모습에 놀라 사자는 자기 우리로 되돌아가고, 코끼리는 돼지 울음소리에 놀란다.

그러므로 사람들이 화를 두려워하는 것은 어린 아이가 캄캄한 어둠을 무서워하고 짐승들이 붉은 깃털을 무서워하는 것과 같은 이유다. 그 안에 확실하고 견고한 것은 아무것도 없으며, 다만 공허한 마음에 영향을 미칠 뿐이다.

화를 마음속에서 완전히 떠나보내는 것은 가능한가

12   반론: "만일 우리가 화를 지워버리길 원한다면 자연의 체계에서 사악함을 지워버려야 합니다. 하지만 어느 쪽도 실현 가능하지 않습니다."

내 생각은 이렇다. 우선, 사람은 비록 자연의 체계 속에서는 계절이 겨울이라고 해도 춥지 않게 지낼 수 있고 여름에도 땀을 흘리지 않을 수 있다. 거주 지역이나 장소의 선택이 혹독한 날씨를 어느 정도 막아줄 수 있고 육체적으로 단련이 되어 강인해지면 덥거나 추운 느낌은 극복할 수 있다.

둘째, 네가 방금 한 말을 거꾸로 뒤집어보라. 화를 환영하기 전에 너는 먼저 마음에서 미덕을 지워버려야 한다. 왜냐하면 악덕은 미덕과 공존하지 않으며, 병자이면서 동시에 건강할 수 없듯이 화를 내면서 동시에 선한 사람은 있을 수 없기 때문이다.

또 다른 반론: "마음에서 화를 완전히 없앨 수는 없습니다. 인간의 본성이 그것을 허락하지 않으니까요."

하지만 인간의 정신으로 극복할 수 없을 만큼 어렵고 힘든 일은 아무것도 없으며, 어렵게 느껴졌던 일도 반복적인 연습으로 친구처럼 편안해진다. 어떤 격정도 훈련으로 완전히 길들이지 못할 만큼 격렬하고 제멋대로인 것은 없다.

인간이 자신의 마음에 그 어떤 금지 명령을 내리면 마음은 그것을 지킨다. 어떤 사람들은 절대로 웃지 않는 데 성공하기도 했다. 어떤 이들은 포도주를, 어떤 이들은 성적인 쾌락을, 어떤 이들은 모든 종류의 액체를 삼가왔다. 또 거의 잠을 자지 않으면서 지치지 않고 계속해서 철야를 하는 사람도 있다. 오랜 연습 끝에 사람들은 경사지게 매어진 아주 가느다란 밧줄을 타게 되기도 하고, 인간의 힘으로는 들기 힘든 엄청나게 무거운 물건을 나르기도 하며, 무척 깊은 바닷속으로 자맥질해 들어가서 숨도 안 쉬고 오랜 시간 버티기도 한다. 그 밖에도 온갖 장애를 극복하고 사람이 마음만 먹으면 못 해낼 일이 없다는 것을 보여준 예는 수도 없이 많다.

방금 내가 열거한 사람들은 그런 끈질긴 노력에 대해 어떤 물질적 보상도 받지 못했거나 아니면 그에 상응하는 대가를 받지 못했다. 팽팽한 밧줄 위를 걷는 연습을 하고, 무거운 짐을 목으로 지탱하고, 잠을 거의 안 자다시피 하고, 바다 밑바닥으로 들어가는 것으로 무슨 대단한 상을 받을 수 있겠는가. 그럼에도 그들은 변변한 보상도 없이 그야말로 피나는 노력으로 마침내 그 경지에 이른 것이다. 그렇다면 행복한 마음에 깃든 흔들림 없이 고요한 평화라는 엄청난 보상이 우리를 기다리고 있는데 우리가 인내심을 보이지 못할 이유가 있을까? 최대의 악인 화로부터 벗어나고, 그와 더불어 광포함, 야만성, 잔인함, 광기 그리고 격정의 다른 동료들로부터 벗어나는 것, 그것은 얼마나 굉장한 일인가!

13 그것이 편리해서라든가 혹은 어쩔 수 없다고 말하면서 의무를 저버리고 제멋대로 행동하는 것에는 어

떤 변명이나 구실도 있을 수 없다. 어떤 악덕인들 옹호자가 없었던 적이 있었던가! 화를 지우는 것이 불가능한 일이라고 말하지 말라. 우리를 아프게 만드는 질병은 치유가 가능하며, 우리는 고결한 존재로 태어났기에 자신의 결함을 바로잡겠다고 <u>스스로</u> 마음만 먹으면 자연이 우리에게 손을 내밀어줄 것이다. 그 미덕에 이르는 길이 사람들이 생각했던 것처럼 가파르거나 험준한 것도 아니다. 그 길은 의외로 평탄하다.

 나는 네게 터무니없는 조언을 하고 있는 것이 아니다. 최고의 삶으로 이르는 길은 쉽다. 든든한 후원과 도움의 손길을 내밀어주는 신들과 더불어 그 길에 발을 내딛어보라. 네가 지금까지 하던 대로 하는 것이 훨씬 더 힘들다. 마음의 평화보다 더 편안한 것이 있는가? 화를 내는 것보다 더 힘든 일이 있는가? 자비보다 마음을 느긋하게 하는 것이 또 있는가? 잔인함보다 마음에 부담을 주는 것이 또 있는가? 정숙함은 그 자체로 한가로우며 정욕보다 더 분주한 것은 없다. 한마디로 미덕은 유지하기가 쉽지만, 악덕을 기르고 이를 즐기기 위해서는 치러야 할 대가가 더 크다.

 우리는 화를 지워버려야 한다. 이는 화를 줄여야 한다고 말하는 사람들조차 부분적으로 인정하는 사실이다. 아무것도 득 될 게 없는 그것을 완전히 떠나보내라. 화가 없다면 범죄가 더 쉽게 더 완전히 없어질 것이고, 사악한 자들은 벌을 받고 더 좋은 길로 인도될 것이다. 현자는 어떤 사악한 것들의 도움에 의지하지 않고 자신이 할 일을 다 할 것이며, 자신이 끊임없이 감시하고 한계를 넘지 않도록 신경 쓸 필요가 있는 것과는 제휴하지 않을 것이다.

14 그러므로 우리는 절대 화에게 출입 허가를 내줘서는 안 된다. 하지만 가끔 누군가의 해이해진 마음에 자극을 줄 필요가 있을 때는 짐짓 화가 난 척할 수도 있다. 마치 말이 전속력으로 달리려 하지 않을 때 박차를 가하고 횃불로 자극하는 것과 같은 원리다. 이성으로는 도저히 말을 듣게 할 수 없는 자들에게 공포감을 주는 것도 때로는 필요하다. 그러나 화를 내는 것은 걱정을 하거나 비탄에 잠기는 것 못지않게 쓸데없는 일이다.

"하지만 화를 불러일으키는 사건들이 일어나지 않습니까?"

그런 때야말로 우리가 열심히 대항해야 할 때다. 마음을 다스리는 것이 어려운 일은 아니다. 심지어 몸으로 싸우는 격투 선수들조차 자신을 때리는 상대방의 힘을 소진시키려고 고통스러운 타격을 참아낸다. 그가 마침내 주먹을 날리는 때는 화가 날 때가 아니라 기회가 왔을 때다.

체육관에서 선수들을 훈련시키는 최고의 레슬링 감독인 피로스는 선수들에게 절대 화를 내면 안 된다고 수시로 일렀다고 한다. 화는 기술을 흔들리게 하고 오로지 상대를 해칠 생각에만 몰두하게 한다는 이유에서였다. 이성은 인내를 권하지만, 화는 복수를 재촉한다. 애초에 제거할 수 있었던 고통의 원인을 그냥 놔두면 우리는 결국 더 큰 불행으로 굴러 떨어지게 된다.

어떤 사람들은 단 한마디 모욕의 말을 참지 못해서 추방을 당했다. 사소한 모욕의 말을 조용히 참아낼 마음이 없었기에 더 무거운 불행에 휘말린 것이었다. 자신이 누리던 최대한의 자유가 어떤 식으로든 침해된 데 분개한 나머지 그들은 제 목에 스스로 예속의 굴레를 씌웠다.

화는 솔직함이 아닌, 분별없음의 표현

15 반론: "게르만족이나 스키타이족처럼 자유로운 민족들이 가장 화를 잘 내는 기질인 것을 보면 화에도 뭔가 고결함이 있음을 알 수 있습니다."

그렇다. 날 때부터 용맹하고 굳건한 기질을 타고나는 사람들은 훈육으로 유순해지기 전까지는 쉽게 화를 내는 경향이 있다. 어떤 속성들은 선천적으로 더 나은 성품의 사람들에게만 나타난다. 이는 마치 비옥한 땅에서는 아무 손질도 하지 않고 그냥 내버려두어도 나무들이 크게 자라 무성한 숲을 이루는 것과 마찬가지다.

그러므로 날 때부터 용맹한 기질의 사람들은 쉽게 격노하지만, 불꽃처럼 뜨겁게 타오르는 그들의 성향에는 사소함이나 연약함 따위가 들어설 자리가 없다. 하지만 오직 자연 자체의 은혜로부터 나와서 다듬어지지 않은 특성들이 대부분 그리하듯 그들의 활력은 완전한 것이 못 된다. 속히 길들이지 않는다면, 용맹함이라고 간주할 수 있는 성격은 무모함과 경솔함에 익숙해진다.

"하지만 비교적 온순한 성격의 사람들은 동정심, 애착, 수줍음 따위의 보다 약한 잘못들과 연관되지 않습니까?"

그렇다. 그래서 내가 좋은 성품을 타고난 사람의 성격적 결함을 네게 보여주는 일이 종종 있을 것이다. 성격이 비교적 좋은 사람들에게서 나타나는 결함이라 해서 그것이 악덕이 아닌 것은 아니다.

게다가 길들여지지 않는 포악함으로 인해 자유롭게 사는 그 모든 민족들은 마치 사자나 늑대처럼 노예로 굴종시킬 수도 없지만 또한 지배자가 될 수도 없다. 왜냐하면 그들이 가진 힘은 인간의 본성에서 나오는 힘이 아니라 거칠고 다루기 힘든 자연에서 나오는 힘이기 때문이다. 남의 지배를 받을 수 없는 자는 남을 지배할 수도 없다.

온화한 기후를 가진 나라들이 대부분 제국을 영위하고, 북부의 혹한에 익숙해진 자들은 어떤 시인이 말하듯 "그들의 기후만큼이나 길들여지지 않는 야만의 성품을 갖고 있다."

16   반론: "화가 많은 동물을 사람들은 고귀하다고 여깁니다."

이성 대신 충동을 소유한 동물들을 인간의 본보기로 끌어대는 것은 잘못이다. 인간은 이성을 가진 존재다. 하지만 심지어 동물들의 경우에도 똑같은 충동이 모든 동물들에게 도움이 되는 것은 아니다. 사자에게는 격노가 도움이 된다면, 사슴에게는 겁이, 매에게는 공격성이, 비둘기에겐 소심함이 도움이 된다.

그리고 가장 훌륭한 동물들이 화를 자주 폭발시킨다는 것도 사실이 아니다. 이건 어떤가? 약탈로 먹이를 취하는 동물들은 화를 잘 낼수록 유리하겠지만, 나는 고삐에 순종하는 소와 말의 인내를 더 칭찬하고 싶다. 하지만 인간을 왜 이런 쓸데없는 사례들에 견주어야 하는가? 모든 동물 중에 오직 인간만이 이해하고 모방할 수 있는 우주와 신이 있을진대.

또 다른 반론: "화를 잘 내는 사람이 누구보다 솔직한 사람이라고 여겨집니다."

그렇다. 남을 잘 속여먹는 교활한 사기꾼들과 비교하면 그렇다. 그들은 아무것도 숨기지 않고 행동하기 때문에 솔직하게 보이는 것이다. 하지만 그것은 〈솔직함〉이라기보다 〈분별없음〉이라고 해야 할 것이다. 어리석음, 사치, 낭비벽 등 결코 영리하다고 할 수 없는 모든 악덕을 우리는 그렇게 부른다.

17   또 다른 반론: "변론가들은 때로 화가 났을 때 더 변론을 잘합니다."

아니, 그는 짐짓 화난 척하는 것뿐이다. 이는 배우들이 연기를 할 때 실제로 화가 난 것이 아니라 화난 연기를 해서 관객을 감동시키는 것과 마찬가지다. 그러므로 재판관들 앞에서나 군중 앞에서나 어디서건 자기 의지대로 사람들의 마음을 움직여야 할 때 우리는 때로는 분노를, 때로는 공포심을, 때로는 연민을 직접 드러내 보임으로써 그들의 마음에 똑같은 감정을 불어넣고자 한다. 종종 진짜 격정이 못 해낼 일을 오히려 위장된 격정이 이뤄내기도 한다.

다시 반론: "화가 결여된 마음엔 동력이 없습니다."

마음속에 화보다 더 힘 있는 것이 아무것도 없다면 그것은 사실이다. 우리는 강도가 되어서도 안 되고 강도에게 희생되어서도 안 된다. 우리는 연민에 빠져 살아서도 안 되고 무자비해서도 안 된다. 한쪽은 마음이 너무 무른 것이고 한쪽은 너무 딱딱한 것이다. 현자는 이 두 가지 사이에 균형을 잘 유지해야 하며, 강력한 대처가 필요한 상황에 대해서는 그는 화가 아니라 강인함을 보여야 한다.

화는 어려서부터 양육이 좌우

18   지금까지는 화가 야기하는 문제들에 대해서 다루었으므로 이제 그 치료법에 관한 문제로 옮겨가보자. 내가 보기에 중요한 목표는 두 가지다. 화라는 감정에 빠지지 않는 것과, 화가 났을 때 잘못된 행동을 하지 않는 것이 바로 그것이다. 우리 몸을 생각할 때 건강을 유지하기 위한 방책이 있고 건강을 회복하기 위한 방책이 있듯이, 화에 대해서도 한편으로는 그것을 격퇴하고 또 한편으로는 그것이 더 왕성해지지 않도록 억제해야 한다. 화를 피하기 위해서 나는 인생 전반에 걸쳐 적용되는 몇 가지 방안들을 제시할 것이다. 이것은 아이를 키우고 교육시키는 시기와 그 이후로 나뉜다.

아이를 양육하는 일에는 최고의 관심이 요구되지만 분명 그 노력에 대해서는 그만큼 최고의 보상이 따라올 것이다. 점점 커가면서 우리와 함께 자라나는 악덕은 제한하기가 힘들지만 아직 어렸을 때는 마음을 좋은 상태로 가다듬기가 쉽기 때문이다.

19 날 때부터 불같은 성격인 사람이 가장 화를 잘 낸다. 우주를 이루는 불, 물, 공기, 흙의 네 가지 요소는 각각 뜨거움(열), 차가움(냉), 건조함(건), 축축함(습) 등의 네 가지 특성에 해당한다. 이 네 가지 요소들이 이렇게 저렇게 섞여서 토지, 생명체, 몸, 성격에도 차이를 만들어낸다. 그 구성 요소 중에 어느 하나가 우세하면 그 비율에 따라 성격이 그쪽으로 기우는 경향이 있다. 우리는 어떤 지역에 대해 "습하다, 건조하다, 매우 덥다, 한랭하다"고 말한다.

동물과 인간 역시 이런 식으로 구분해볼 수 있다. 습한 기운과 열이 어느 정도냐에 따라 차이가 생겨난다. 네 가지 요소 가운데 어떤 것이 우세하냐 하는 것이 우리의 성격을 결정한다. 마음속에 불이 많은 열정적인 성격이 화를 잘 내는 것은 불의 성격이 활발하고 비타협적이기 때문이다. 반면 찬 기운이 우위를 점하면 소심한 성격이 된다. 찬 기운은 굼뜨고 위축되어 있기 때문이다.

그래서 우리 학파(스토아 학파)에서는 심장 주변에 피가 끓어서 가슴에 화가 일어나는 거라고 주장하기도 한다. 이 특정한 위치를 화의 자리로 지정한 것은 단지 가슴이 우리 몸에서 가장 뜨거운 부분이기 때문이다.

습한 기운이 압도적으로 많은 사람의 화는 서서히 커져간다. 왜냐하면 그들에게는 열이 즉시 공급되지 않고 오직 운동에 의해 생겨나기 때문이다. 아이들과 여자들의 화는 무게가 없는 대신 날카롭고, 처음에 사소한 것에서 비롯되는 것은 그래서이다. 반면 인생의 건조기에 해당하는 사람의 화는 격렬하고 강하지만 점점 커지지는 않는다. 그들의 화가 커지지 않는 이유는 열이 점점 식어가고 그 자리에 차가운 기운이 들어앉기 때문이다. 노인은 까다롭고 불평이 많으며 몸이 아픈 사람이나 병에서 회복 중인 사람, 사혈요법이나 혹은 피로에 지쳐서 몸에서 열이 다 빠져나간 사람들도 마찬가지다.

갈증과 굶주림으로 쇠약해진 사람들, 몸에 피가 부족한 사람들, 영양실조인 사람들도 상황이 같다. 포도주가 화에 불을 붙이는 이유는 그것이 몸에 열을 오르게 하기 때문이다. 어떤 사람들은 술에 만취했을 때 화를 내고 어떤 사람들은 술기운이 조금만 올라도 화를 내는 것은 각자의 기질이 다르기 때문이다. 금발이나 혈색이 붉은 사람이 가장 화를 잘 내는 것도 정확히 그런 이유에서다. 다른 사람들은 화가 나야 비로소 얼굴이 붉어지지만 그들은 그 빛깔을 애초에 타고났기 때문이다. 그들의 피는 쉽사리 흥분하고 달아오른다.

20 성격적으로 화를 잘 내는 사람들이 있듯이, 그 밖의 다른 원인들도 똑같은 결과를 가져올 수 있다. 어떤 이들은 질병이나 상해에 의해, 또 어떤 사람들은 힘든 노동과 철야의 연속, 잠 못 이루는 고통스런 밤, 갈망과 애욕으로 그런 상태에 다다른다. 몸과 마음을 좀먹는 것은 무엇이나 우리의 생각을 병들게 하고 툭하면 불평하는 사람으로 만든다.

 하지만 이런 요소들은 모두 최초의 원인에 불과하며 가장 큰 영향을 미치는 것은 습관이다. 습관이 건전하지 못할 때 악덕이 자라난다. 자연은 바꾸기가 어렵다. 일단 태어나면서부터 네 가지 구성 요소의 혼합에 의해 기질이 정해지면 우리가 그것을 바꿀 수는 없다. 하지만 다혈질인 사람은 술을 삼가야 한다는 것을 알면 도움이 될 것이다. 플라톤은 같은 이유로 어린 아이들에게도 술을 금하게 해야 한다고 했는데 불로써 불을 일으켜서는 안 된다는 것이 그 이유였다. 이런 사람들은 음식도 너무 배부르게 먹어서는 안 된다. 그러면 몸이 팽창하게 되고 몸이 부풀어 오르면 정신도 따라서 비대해지기 때문이다.

이들은 지쳐 떨어지지만 않을 정도로 몸을 움직이고 열심히 일해야 한다. 격정을 전소시키지는 못해도 이를 줄임으로써 과도한 체열을 가라앉히는 것이 그 목적이다. 놀이도 도움이 된다. 적당한 정도의 즐거움은 마음을 느긋하게 풀어주고 몸과 마음의 균형을 유지하게 해주기 때문이다.

성격에 습한 기운이 많거나, 건조한 성격 혹은 차가운 성격은 화의 위험성은 적다. 그러나 그들은 너무 겁이 많거나, 완고하거나, 쉽게 실의에 빠지거나, 의심이 많은 등의 비교적 맹렬함이 덜한 악덕을 조심해야 한다. 그런 성격의 사람은 부드럽게 달래주고 소중히 여겨주고 행복감을 일깨워 주어야 한다. 화에 대해, 우울함에 대해 우리는 각각 다른 치유책을 써야 하며―이 치유책은 서로 다를 뿐 아니라 정반대다―우위를 점하게 된 감정에 대응하려고 항상 노력해야 할 것이다.

21   강조하건대, 아주 어려서부터 아이를 건강한 방식으로 기르는 것이 매우 큰 도움이 된다. 하지만 방향을 제대로 잡고 나아가는 것이 그렇게 쉬운 일은 아니다. 아이들을 화로 다스려서도 안 되고 타고난 능력을 무디게 만들어서도 안 되기 때문이다.

이 문제는 세심한 주의를 요한다. 네가 북돋우려고 하는 특성, 억누르려고 하는 특성이 서로 다른 양육에 의해 함양되는 것은 아니다. 어찌나 비슷한지 아주 자세히 관찰해도 속아 넘어가기 쉽다.

아이에게 행동의 자유를 주면 기백이 자라고, 구속하면 기백이 눌린다. 칭찬을 해주면 기가 살아나고 자신에 대한 바람직한 기대를 형성하게 한다. 그러나 오만과 화는 그 기원이 같다. 그래서 우리는 가끔은 고삐를 쥐고 가끔은 박차를 가하기도 하면서 둘 사이에서 중용을 취하려고 노력해야 한다.

아이들의 정신이 노예에게나 해당되는 비굴함을 겪게 해서는 안 된다. 절대로 아이들이 남의 비위를 맞추거나 애원할 필요가 없도록 하라. 그들이 그런 행동을 통해서 바라던 것을 얻게끔 하지 말라. 그가 원하는 것은, 그때까지의 그의 행동과 앞으로 잘하겠다는 다짐에 의해 정당하게 허락되어야 한다.

친구들과 경쟁을 할 때 아이가 결코 지지 않으려고 하거나 화를 내는 것을 용인해서는 안 된다. 우리는 아이가 가끔 한 번씩 친구들과 경쟁을 하게 함으로써 아이가 친구를 해롭게 하지 않는 정당한 승리를 원하고, 이것에 익숙해지게 해야 한다. 아이가 뛰어난 성적을 거두었거나 칭찬받을 만한 일을 했을 때는 기를 북돋아주되 으스대게 해서는 안 된다. 기쁨은 의기양양함을 낳고 이것은 다시 교만함과 자신에 대한 과도한 평가로 이어지기 때문이다.

　아이에게 어느 정도의 휴식은 허락해야겠지만 나태와 무기력에 빠지게 해서는 안 되며 사치는 결단코 멀리하게 해야 한다. 오냐오냐 버릇없이 자란 아이들이 누구보다 화를 잘 내는 사람이 된다. 외동아이를 응석받이로 키울수록, 아이에게 너무 많은 자유를 줄수록 정신이 망가질 가능성이 높다. "안 돼."라는 말을 한 번도 들어본 적 없고, 항상 엄마가 안절부절못하며 달려와 눈물을 닦아주는 아이, 양육자가 그의 한마디에 쩔쩔매는 아이는 남들이 자신의 기분을 상하게 하는 것을 견디지 못한다.

　누리는 행운이 늘어갈수록 화도 커진다는 것을 너는 알고 있는가? 이는 특히 부유한 자, 유명인물, 지방관들에게서 두드러지게 나타난다. 경박하고 공허한 그들의 정신은 등 뒤에서 행운의 미풍이 불면 날개를 달고 날아오른다. 한 무리의 아첨꾼들이 거만한 인간을 에워싸고 그의 귀에 대고 이렇게 속삭이면서 그의 화를 부추긴다.

　"아니, 당신의 뒤에서 험담을 하고 다니는 자가 저 자인가요? 당신의 드높은 명성으로 응당 누려야 할 것을 왜 누리지 않으시나요? 왜 스스로를 과소평가하십니까?"

　원래 정신이 굳건하고 마음이 건강한 사람들도 이런 과찬의 말을 들으면 저항하기가 어렵다.

그러므로 아이를 키울 때는 입에 발린 칭찬을 멀리해야 한다. 아이에게 진실을 말해주어라. 가끔은 아이가 두려움을 알게 하라. 그리고 언제나 연장자를 존경하고 어른 앞에서는 일어서게 하라. 화를 내며 요구하는 것은 들어주지 말 것이며, 징징거리고 우는 아이는 진정을 하고 난 뒤에야 원하는 것을 가질 수 있음을 알게 하라. 그리고 부모의 재산은 그가 사용하라고 있는 것이 아니다. 결점이 있으면 꾸짖어라.

조용하고 온화한 스승과 양육자를 갖게 하는 것이 아이에게 도움이 될 것이다. 어린 아이들은 가장 가까운 사람에게 애착을 보이고 점점 그를 닮아갈 것이다. 아이가 자라서 성인이 되면 유모와 양육자의 성격이 그에게 그대로 나타난다.

플라톤의 집에서 양육하던 아이가 자신의 집으로 돌아가 아버지가 고함을 지르는 모습을 보고 이렇게 말했다.

"플라톤 선생님 댁에서는 한 번도 소리 지르시는 것을 못 봤어요."

아마도 그가 플라톤보다는 자기 아버지를 닮게 되리라는 데는 의심의 여지가 없다. 또한 무엇보다 음식은 간소하게, 의복은 호사스럽지 않게 하며, 또래 아이들의 생활에서 크게 벗어나지 않게 하라. 처음부터 아이가 여러 사람들과 어울리게 하면 누군가와 비교될 때 화를 내는 일은 없을 것이다.

화를 피하기 위한 사전 조건

22   하지만 이런 조언은 우리 아이들에게나 해당되는 것이다. 우리 자신에 대해, 우리의 출생과 양육의 운에 관해서라면 좋게 만들든 나쁘게 만들든 더 이상 기회가 없다. 바로잡아야 할 것은 바로 그 이후의 결과다.

따라서 우리는 격정의 근본 원인과 맞서 싸워야 한다. 화의 원인은 우리가 부당한 대우를 받았다는 믿음이다. 하지만 우리는 이를 쉽게 믿어버려서는 안 된다. 아무리 명백하고 확실해 보이는 것도 그 자리에서 바로 승인을 해서는 안 된다. 더러는 거짓이 진실처럼 보이는 경우도 있기 때문이다. 판단에 앞서 반드시 시간을 가져야 한다. 시간이 흐르면 진실은 자명해진다.

남을 비난하는 자들의 말에 너무 쉽게 귀 기울이지 말라. 우리는 자신이 듣고 싶지 않은 말을 너무 쉽사리 믿어버리며 이성적인 판단을 내리기도 전에 화부터 낸다. 이는 우리가 익히 잘 알고 있고 불신을 갖고 바라보는 인간 본성의 한 오점이다.

비난하는 말, 심지어 의심하는 말에도 우리의 마음이 동요해서 누군가의 표정이나 웃음을 곡해하고 무고한 사람에게 화를 낸다면 어떻겠는가? 우리는 그 자리에 없는 사람에 대해서는 자신의 이익에 반하더라도 변호를 해야 하며, 화는 가능한 한 유보해야 한다. 형벌을 유예하면 나중에라도 집행할 수 있지만 한 번 집행된 형벌은 다시 돌이킬 수 없다.

23 한 참주 살해자에 관한 유명한 일화가 있다. 그는 과업을 완수하기 직전에 붙잡히고 말았다.[7] 히피아스가 그를 고문하며 공범자를 불라고 하자 그는 주위에 서 있던 참주의 친구들 이름을 댔다. 그들에게는 그 참주의 안위가 진정으로 소중하다는 것을 그가 알았기 때문이었다. 호명된 자들을 차례차례 죽이라고 명령한 참주는 마침내 누가 남았느냐고 물었다.

"오직 당신 혼자만 남았습니다." 그가 말했다. "당신을 진심으로 걱정하는 사람은 내가 한 명도 남겨놓지 않았거든요." 참

---

[7] 아테네의 참주 히피아스(기원전 527년-510년까지 통치)는 참주정치의 대표 인물인 페이시스트라토스의 아들이자 역시 폭정을 일삼았던 히파르코스의 형제다. 히파르코스가 기원전 514년 동성연인인 하르모디우스와 아리스토게이톤의 치정에 얽혀 암살된 후, 장남 히피아스의 정치는 더욱 포악해졌다.

주는 분노 때문에 자신을 지켜주던 사람들을 자기 칼로 베어 죽이게 함으로써 결과적으로 그를 도운 꼴이 되었다.

알렉산드로스는 얼마나 기개가 넘쳤던가! 의사이자 친구인 필리포스가 독을 탈지도 모르니 조심하라는 어머니의 편지를 읽고도 그는 필리포스가 건네주는 잔을 망설임 없이 비웠다. 친구에 관해서라면 알렉산드로스는 자기 자신을 더 믿었다. 그는 죄로 손을 더럽히지 않은 친구를 가질 자격이 있으며 그 친구의 결백을 밝혀줄 수 있는 사람이었다.

누구보다 화를 잘 냈던 알렉산드로스이기에 나는 그의 이런 행동을 더욱 칭찬하고 싶다. 왕이 자제심을 발휘하는 것은 흔치 않은 일이기에 더더욱 칭찬할 만하다고 생각한다.

위대한 율리우스 카이사르도 내란에서 자신이 거둔 승리를 결산할 때 최대한의 자비심을 보이는 것으로 이를 실천했다. 폼페이우스에게로 가는 편지들이 들어 있는 행낭을 중간에서 가로챘을 때 카이사르는 그 편지들을 불태웠다. 그 편지들을 보낸 사람들은 양쪽 어느 편도 아니거나 혹은 적의 편으로 보였다. 그는 평소에는 적당히 화를 낼 때도 있었지만 화를 내지 않는 편을 더 좋아했고, 그들이 각자 어떤 잘못을 했는지를 캐지 않는 것을 가장 너그러운 용서라고 생각했다.

■ ■ ■

로마의 명장 가이우스 율리우스 카이사르. 로마의 박물학자인 플리니우스의 『박물지 Natural History』에는 카이사르가 타프수스에서 스키피오 나시카에게 보내지는 편지 행낭을 손에 넣었을 때도 똑같이 했다고 적혀 있다.

24

남의 말을 쉽사리 믿는 것만큼 큰 해악은 없다. 어떤 문제에 대해서는 불신하고 의혹을 품는 것보다 속아 넘어가는 편이 차라리 낫기에 네가 아예 귀담아 듣지 말아야 할 것들도 있다. 너는 의심과 억측을 마음에서 완전히 지워버려야 한다. 이것들만큼 맹랑하게 너의 화를 부추기는 것은 없기 때문이다.

"저 사람은 내게 건성으로 인사를 했어. 이 사람은 내 입맞춤에서 너무 빨리 얼굴을 떼는군. 저 사람은 내가 시작한 대화를 너무 황급히 중단시켰어. 저 사람은 나를 만찬에 초대하지 않았어. 저 사람은 시선이 호의적이지가 않아."

의심의 눈초리로 보기 시작하면 그것을 뒷받침할 증거는 어떻게든 찾아질 것이다. 하지만 필요한 것은 상황을 있는 그대로 보는 담백함과 너그러운 판단이다. 우리 눈앞에서 너무나도 명백하게 벌어진 일이나 현행범으로 잡았을 때를 제외하고는 아무것도 믿지 말라. 그리고 우리의 의심이 근거 없는 것이었다고 밝혀질 때마다 스스로를 책망하라. 자신에 대한 이런 꾸짖음은 남의 말을 쉽사리 믿지 않는 습관을 들이게 해줄 것이다.

25   다음으로는, 아주 사소하고 하찮은 일에 짜증을 내서는 안 된다. 하인의 행동이 굼뜨다든지, 물을 마시려는데 너무 뜨겁다든지, 침대가 어질러져 있다든지, 식탁을 아무렇게나 차렸다든지 등 이런 일에 화를 내는 것은 미친 짓이다. 미풍이 조금만 불어도 몸을 덜덜 떠는 사람은 몸이 약하고 아픈 사람이다. 새하얀 옷을 보고 눈이 부시고 아프면 눈에 문제가 있는 것이다. 남이 일하는 것만 봐도 제 등이 아파오는 사람은 너무 호사스럽게 살아서 몸이 쇠약해진 것이다.

시바리스 시의 민디리데스는 다른 사람이 땅을 파고 괭이를 높이 쳐든 모습을 보면 자기가 힘이 든다면서 자기가 보는 앞에 서는 일을 못 하게 했다고 한다. 그는 자기가 깔고 누웠던 장미 꽃잎이 싱싱하지 않아서 몸이 더 피곤하다고 투덜대기도 했다.[8]

쾌락이 몸과 마음을 한꺼번에 병들게 하면 그 무엇도 참을 수 없게 느껴진다. 그것은 그가 느끼는 고통이 커서가 아니고, 그가 어떤 것도 견뎌내지 못할 만큼 약하기 때문이다. 누가 재채기나 기침을 할 때, 앵앵거리며 날아다니는 파리를 쫓지도 않고 내버려둘 때, 개가 발에 거치적거릴 때, 칠칠치 못한 노예가 흘린 열쇠를 발견할 때 너는 왜 버럭 화를 내는가?

의자를 바닥에 끄는 끽끽 소리가 거슬려 화를 내는 사람이 공적인 삶에서 오는 갈등을 어떻게 견디며, 민회나 원로원에서 자신을 향해 빗발치는 험한 말들을 어찌 견뎌낼 수 있는가? 눈을 녹이는[9] 노예의 일솜씨가 틀려먹었다고 화를 내는 사람이 하절기 전투의 배고픔과 갈증을 참고 견딜 수 있는가? 참을성 없고 절제할 줄 모르는 호사스러움만큼 화를 부추기는 것은 없

---

8   남부 이탈리아 시바리스의 민디리데스(혹은 스민디리데스)는 헤로도토스에 의하면 기원전 6세기 초부터 5세기 말까지 극단적인 사치의 대명사였다. 그러나 그를 언급한 고전 라틴어 작가로는 세네카가 유일하다.

9   로마에서 더위를 식히는 호사스러운 방법 중 하나로, 높은 산에서 운반해온 눈에 꿀이나 우유를 섞어 먹었다.

다고 말하는 것은 그래서이다. 마음을 강하게 단련시키면 아주 심각한 타격이 아닌 웬만한 것은 견뎌낼 수 있을 것이다.

26 우리는 자신에게 해를 끼칠 수 있는 대상에게 화를 내지만, 심지어 그런 능력이 없는 대상에게도 화를 낸다.
후자에는 무생물도 포함된다. 흔히 우리는 책의 글자가 너무 작다고 던져버리고, 책이 잘못 만들어졌다고 북북 찢어버리며, 옷이 마음에 안 든다고 옷을 찢는다. 우리가 화를 낼 만한 일도 아니고 우리가 화를 내는 사실조차 알지 못하는 대상에게 화를 내는 것은 얼마나 어리석은 일인가!

"하지만 그런 것을 만드는 사람들이 우리를 불쾌하게 만드는 겁니다."

내 생각은 이렇다. 첫째, 우리는 종종 그런 내용을 의식적으로 구분하지도 않고 먼저 화부터 낸다. 둘째, 아마 그 기술자들도 뭔가 그럴 듯한 이유를 댈 것이다. 자기는 아무리 해도 그것보다 더 잘할 수는 없을 거라거나 자기가 기술을 더 잘 배우지 못한 것이 너를 모욕하기 위해서는 아니라거나, 너를 기분 나쁘게 하려고 일부러 그런 것은 아니라고 말할 것이다. 마지막으로, 사람에게 화가 나는데 물건에다가 그 분풀이를 하는 것만큼 미친 짓이 또 어디 있는가?

게다가 영혼이 없는 물건에게 화를 내는 것은 말 못하는 짐승에게 화를 내는 것과 마찬가지로 정신병자들이나 하는 행동이다. 동물에겐 의지가 없기에 우리에게 부당한 행동을 할 수도 없다. 모든 부당한 대우는 의도에서부터 출발하기 때문이다. 검이나 돌멩이가 우리에게 피해를 줄 수는 있지만 부당한 대우를 할 수는 없다.

그런데도 어떤 이들은, 말들이 어떤 기수에게는 고분고분하면서 자기에게는 반항을 할 경우 말에게 무시를 당했다고 생각한다. 말을 다루는 기수의 솜씨나 말의 습관 때문이 아니라 마치 말이 일부러 그러는 것처럼 생각하는 것이다.

이런 동물들에게 화를 내는 것이 어리석은 일이듯, 아이들에게 혹은 분별력에서 아이보다 나을 것 없는 사람들에게 화를 내는 것도 바보 같은 짓이다. 공정한 심판관의 눈으로 보면, 그런 사람들이 저지르는 잘못은 무지함에서 나오는 것이며, 따라서 무죄로 볼 수 있기 때문이다.

화의 최대 원인은 "나는 잘못한 게 없다"는 생각

27 불사의 신들처럼, 우리에게 해를 입힐 수는 없고 오

로지 은혜와 유익함을 주는 존재들이 있다. 그들은 우리에게 방해가 되기를 바라지도 않고 그럴 수도 없다. 그들의 본성은 부드럽고 온화하며, 그들이 자기 자신을 해치지 않을 것이듯 결코 누군가에게 부당한 행동을 하지도 않을 것이다.

그러므로 바다의 야만성에 대해, 가혹한 홍수에 대해, 좀처럼 물러가지 않는 동장군에 대해 신들을 탓하며 화를 내는 것은 미치거나 진리를 알지 못하는 자들의 행동이다. 하지만 실제로 우리에게 해를 입히기도 하고 혜택을 주기도 하는 이런 자연 현상들은 특별히 우리를 겨냥한 것이 아니다. 여름과 겨울이 순환하는 것 또한 우리의 이익을 위해서는 아니다. 그런 것은 자신의 법칙대로 움직일 뿐이며, 그것을 통해서 신의 의지가 실행되고 있는 것이다. 만일 우리가 그런 엄청난 일들을 불러일으킬 만큼 대단한 존재라고 생각한다면 그것은 자신을 너무 과대평가하는 것이다. 이 모든 현상들은 우리에게 해를 끼치기 위해서 일어나는 것이 아니다. 오히려 그와 반대로 이런 일들은 우리의 행복에 이바지한다.

나는 어떤 존재들은 우리에게 해를 끼칠 능력이 없고, 어떤 존재들은 그럴 의사가 없다고 말했다. 훌륭한 정무관, 부모, 교사, 재판관이 후자에 속할 것이다. 그들의 질책은 마치 단식요법이나 수술처럼 우리에게 고통을 주긴 하지만 우리를 이롭게 하려는 목적을 가진 치료법으로 받아들여야 할 것이다.

우리에게 벌이 내려졌다고 가정해보라. 우리는 자신이 당하고 있는 고통만 생각할 게 아니라 자신이 무슨 짓을 저질렀는지를 생각해야 한다. 그리고 자신의 삶을 돌아보아야 할 것이다. 만일 우리가 자신에게 솔직해진다면, 우리는 사실 받아 마땅한 것보다 훨씬 가벼운 질책을 받았음을 알 수 있을 것이다.

28   만일 우리가 모든 문제에 대해서 공정한 심판관 노릇을 하고자 한다면, 먼저 우리 중에 죄 없는 사람은 아무도 없다는 사실을 믿어야 한다. 화의 최대의 근원은 "나는 죄가 없어." 혹은 "나는 아무 짓도 안 했어."라는 생각이다. 하지만 사실은 우리가 잘못을 인정하지 않는 것뿐이다. 우리는 말로 질책을 당하거나 제재를 받으면 원망하는 마음을 품는다. 하지만 바로 그 순간, 우리는 원래의 악행에다가 고집과 오만의 잘못을 또 저지르고 있는 것이다.

자신은 어떤 법 앞에서도 결백하다고 주장하는 사람은 누구인가? 설사 그 말이 사실이라고 쳐도 법적으로 죄가 없다는 것은 얼마나 좁은 범위에 한정되는가? 우리가 흔히 말하는 적절한 행동의 범위는 법의 원칙에 비해 얼마나 더 포괄적인 것인가! 헌신, 인정, 아량, 정의감, 성실함 등이 우리에게 요구하는 바가 얼마나 많은가. 이 중에 어떤 것도 법의 테두리 안에 들어 있는 것은 없다.

하지만 우리는 그렇게 좁은 범위에 한정되는 법적인 무고함의 기준조차 만족시킨다고 말할 수 없다. 어떤 것들은 지켜왔지만, 어떤 것들은 마음속으로 계획만 했고, 어떤 것들은 그저 희망이었을 뿐이다. 또 어떤 경우에는 우리가 결백한 이유가 오직 우리가 바라던 것을 얻지 못했기 때문일 수도 있다.

마음속에 이런 생각을 갖고 나쁜 짓을 한 사람들을 보다 공정하게 대할 것이며 우리를 비난하는 사람들의 말에도 귀를 기울이자. 적어도 선한 사람들에게는 화를 내지 않도록 할 것이며(선한 사람들에게조차 화를 낸다면 대체 누가 우리의 화를 피해갈 수 있겠는가?) 특히 신들에게 화를 내지 말자! 우리가 어떤 불운으로 고통을 받든 그것은 신들의 잘못이 아니라 유한한 존재로 태어난 인간의 운명 때문인 것이다. "하지만 질병과 고통이 우리를 따라다니며 괴롭힙니다." 낡고 노후한 거처가 우리에게 주어진 이상, 우리는 분명 언젠가는 죽을 수밖에 없다.

누군가가 너를 험담하더라는 얘기가 들린다고 가정해보라. 그렇다면 네가 먼저 그를 나쁘게 말한 적은 없는지 돌아보라. 그리고 다른 사람들에 대해서도 얼마나 자주 악의에 찬 말을 했던가를 생각해보라. 나는 이 점을 강조하고 싶다. 누군가가 우리에게 부당한 행동을 하는 것이 아니라, 우리가 그들에게 행한 것을 돌려받는 것뿐이라고 생각하자. 어떤 이들은 우리를 위한답시고, 어떤 이들은 협박에 못 이겨서, 또 다른 이들은 모르고 했을 수도 있다. 설사 일부러 알고 그랬다 하더라도 오로지 우리에게 피해를 입히려는 목적에서 그런 행동을 하는 것은 아니다. 농담을 하려다가 실수로 말이 헛나올 수도 있다. 혹은 일부러 우리를 괴롭히려고 해서가 아니라 우리를 밀어젖히지 않으면 자기 목적을 이룰 수 없었기 때문일 수도 있다. 때로는 우리의 마음에 들려고 했던 지나친 찬사가 우리의 기분을 상하게 했을 수도 있다.

하지만 우리 자신도 공연히 의심을 받은 적이 얼마나 많았고, 적절하게 행동했는데 운수가 사나워서 잘못된 행동처럼 보일 때는 또 얼마나 많았으며, 우리가 처음에는 미워했으나 결국 좋아하게 된 사람이 얼마나 많은지를 생각해보면 즉각적으로 화를 내는 것을 피할 수 있을 것이다. 적어도 누군가가 우리 기분을 상하게 할 때마다 우리는 자기 자신에게 이렇게 말할 수 있다. "나 역시 이런 실수를 한 적이 있지."

하지만 대체 어디서 공정한 심판관을 찾을 수 있단 말인가? 꼭 남의 아내를 향해 욕정을 품으면서 그녀가 남의 아내라는 사실만으로도 사랑할 만한 충분한 이유가 된다고 생각하는 남자가 제 아내는 남이 쳐다보는 것도 싫어한다. 배신자가 오히려 남들에게는 신의를 지킬 것을 칼같이 요구한다. 남의 거짓말을 끝까지 추적하는 사람이 자신은 위증을 밥 먹듯 한다. 상습적으로 남들을 허위 고발하는 사람이 자기가 고소를 당하면 불같이 화를 낸다. 자신의 방탕함에는 한없이 관대한 사람이 노예의 품행에 대해서는 시시콜콜 간섭을 한다.

  우리는 남들의 악덕은 바로 눈앞에 두고 자신의 악덕은 등 뒤로 숨긴다. 아들이 공들인 연회에 대해서는 사치스럽다고 책망하는 아버지가 자신은 한술 더 뜨고, 맛있는 음식이라면 무엇도 마다하지 않는 사람이 다른 사람이 누리는 호사에 대해서는 용서가 없다. 폭군이 살인자를 향해 격노하고 불경한 신전 약탈자가 좀도둑을 벌한다. 너무나 많은 사람들이, 악행에 대해서는 화를 내지 않고 악행을 저지른 사람에게 화를 낸다. 그러나 만일 우리가 자신을 돌아본다면 훨씬 더 자제력을 발휘할 수 있을 것이다.

  "나 자신도 이런 잘못으로부터 자유롭다고 할 수 있을까? 분명 나도 저런 실수를 한 적이 있다. 그렇지 않은가? 저런 행동을 비난하는 것이 나한테 과연 도움이 될까?"

화를 유예시켜야 하는 이유

29 화에 대한 최고의 대책은 그것을 늦추는 것이다. 처음부터 용서하기 위해서가 아니라 심사숙고하기 위해 화의 유예를 요구하라. 화가 처음에 맹렬한 기세로 습격할 때는 타격이 크지만 조금만 기다리면 뒤로 물러선다. 한꺼번에 화의 뿌리를 뽑으려고 애쓰지 마라. 하나씩 하나씩 조금씩 뽑아서 버리면 언젠가는 화를 전부 없앨 수 있을 것이다.

우리를 성나게 하는 것 중에 일부는 다른 사람을 통해 들은 말이고, 일부는 우리가 직접 보고 들은 것이다. 남들이 우리에게 해주는 말을 너무 쉽게 믿어버려서는 안 된다. 많은 사람들이 우리에게 거짓말을 하는 이유는 우리를 속이기 위해서이거나 혹은 자기 자신도 속고 있기 때문이다. 어떤 이들은 누군가의 환심을 사기 위해 남에게 죄를 뒤집어씌우고 마치 그 일로 인해 자신이 고통을 당하고 있는 것처럼 보이게 한다. 가까운 친구 사이를 갈라놓으려는 악의를 가진 부류도 있다. 두 친구 사이에 몰래 함정을 파놓고는 그들이 싸우는 모습을 안전거리에서 지켜보면서 쾌재를 부르는 부류도 있다.

만일 네가 얼마 안 되는 돈 때문에 벌어지는 재판에 판결을 해야 한다면 주장을 뒷받침할 증인이 반드시 있어야 할 것이며 선서에 의하지 않은 증언에는 무게를 두어서는 안 된다. 양측에게 변론할 기회를 충분히 주되 이야기를 한 번 듣고 끝내서는 안 된다. 왜냐하면 진실은 시간을 두고 살펴볼수록 점점 명확하게 드러나기 때문이다. 너의 벗이라면 그 자리에서 그를 즉각 단죄하겠는가? 변명을 듣지도 않고, 신문을 해보지도 않고, 그를 고소한 당사자나 고소의 내용이 뭔지 파악할 기회도 주지 않고 덮어놓고 그에게 화부터 내겠는가? 너는 양측에서 어떤 주장을 하고 있는지 정말로 충분히 들었는가?

너에게 그 사건을 일러바친 당사자가, 범죄 사실을 입증할 수 있느냐는 질문에는 그만 입을 다물어 버린다. 그는 말한다. "왜 저를 증인으로 부르려는 건가요? 그러시면 저는 안 나갈 겁니다. 계속 그렇게 나오시면 저는 더 이상 아무 말도 안 할 겁니다."

애초에 자기가 그 문제를 불러일으키고 너를 선동했으면서 막상 분쟁이 일어나면 뒷걸음질을 치는 것이다. 비밀스런 자리에서 너와 단둘이서만 얘기하겠다고 하는 사람은 차라리 입을 다물라고 하라. 은밀하게 전해지는 얘기만 믿고 공공연히 화를 낸다는 것은 얼마나 터무니없는 일인가.

30   어떤 경우에는 우리 자신이 직접 그 일을 목격한 증

인이 된다. 이런 경우에는 당사자들의 품성과 의도를 자세히 알아보아야 한다. 잘못을 저지른 사람이 어린 아이인가? 그렇다면 나이를 고려해 용서해주어야 한다. 그는 자신이 한 행동이 잘못된 것인지 모른다. 잘못을 저지른 사람이 아버지인가? 지금까지 그가 우리에게 베풀어준 은혜가 너무나 크다면 우리는 설사 그가 잘못을 저질렀더라도 용서할 의무가 있고, 혹은 그가 우리를 이롭게 하려다가 피해를 주었을 수도 있다. 잘못을 저지른 사람이 여자인가? 여자들은 실수를 하게 마련이다. 잘못을 저지른 사람이 누군가의 명령을 받고 그 일을 한 것인가? 강압에 의해 어쩔 수 없이 한 행동에 대해 어떻게 화를 내겠는가. 전에 그가 피해를 입은 적이 있다면? 네가 예전에 한 행동으로 인해 이번에 네가 고통을 당하는 것은 부당하다고 볼 수 없다. 그가 재판관이라면? 너는 자신의 말보다 그의 판단을 더 신뢰해야 한다. 그가 왕이라면? 만일 네게 죄가 있어 그가 너를 벌한다면 정의에 따르라. 만일 네가 무고한데도 그가 너를 벌한다면, 운명에 맡겨라.

　잘못을 저지른 자가 말 못하는 동물이거나 그와 다를 바 없는 존재인가? 그를 대상으로 화를 낸다면 너도 전혀 나을 게 없는 사람이다. 네게 부당한 일을 한 것이 질병이나 불운인가? 만일 네가 잘 참아낸다면 그것은 조금은 가볍게 너를 지나갈 것이다. 만일 신이라면? 신에게 화를 내는 것은 쓸데없는 짓이다. 다른 사람에게 화를 내 달라고 신에게 기도하는 것도 마찬가지다. 잘못을 저지른 사람이 선한 사람인가? 그렇다면 믿지 마라. 그가 악인인가? 놀랄 것 없다. 그는 네게 받은 벌을 다른 사람에게 또 갚아줄 것이고, 나쁜 짓을 하는 사람이 된 것으로 그는 이미 자신을 벌주고 있는 것이다.

화를 내어 이기는 것은, 결국 지는 것이다

31   앞서 말했듯이, 화를 일으키는 조건에는 두 가지가 있다. 하나는 자신이 위해를 당했다는 느낌이다. 이 문제에 관해서는 지금까지 충분히 얘기를 했다. 나머지 한 가지는 자신이 부당하게 그런 일을 당했다는 것이고 이것이 지금부터 다루고자 하는 주제이다.

우리가 어떤 사안에 대해 〈부당하다〉고 할 때 어떤 사람들에게는 자신이 그런 일을 당해서는 안 되었다는 것이 기준이 되고, 또 어떤 사람들에게는 그것이 예상치 못했던 사건인지 아닌지가 기준이 된다. 우리는 대개 예상하지 않은 사건을 적절치 않다고 여기며, 우리의 바람과 기대에 반해서 일어나는 일들로 인해 매우 언짢아진다. 우리가 가정에서는 아주 사소한 일을 가지고도 짜증을 내게 되고 친구의 무신경을 잘못이라고 하는 것은 바로 그래서이다.

  반론: "그렇다면 어째서 우리는 적들이 저지르는 악행에 대해 흥분을 합니까?"

  그것은 우리가 그들의 행동을 정확히 예상하지 못했거나 혹은 그 정도로 심각할 줄은 몰랐기 때문이다. 그것은 뒤집어 말하면 자존심 때문이다. 자신은 심지어 적에게조차 피해를 입어서는 안 된다고 생각하는 것이다! 우리 각자의 내면에 자리 잡고 있는 제왕은, 자신은 완벽한 행동의 자유를 누릴 수 있기를 바라고 자신이 그 자유로 인해 고통을 당하는 것은 원치 않는다.

  따라서, 우리를 화나게 만드는 것은 무지와 오만함이다. 악인이 악한 행동을 하는 것이 어떻게 이상한 일인가? 적이 우리를 해치고, 친구들이 우리에게 상처를 주고, 자식이 실수를 하고, 노예가 어리석은 짓을 하는 것이 무어 새로울 게 있는가? 파비우스는 "나는 그 점을 생각하지 못했다."라는 말은 지휘관으로서 가장 부끄러운 변명이라고 말하곤 했다. 나는 그 말이 인간으로서 가장 부끄러운 말이라고 생각한다. 우리는 모든 일을 고려할 수 있어야 하고 매사에 마음을 놓지 않고 경계해야 한다. 아주 좋은 성격에도 뭔가 고르지 않은 면이 있을 수 있다.

인간의 본성이 남을 배신하고 은혜를 모르고 욕심스럽고 불경한 마음을 낳는다.[10] 네가 어떤 한 사람의 성격에 대해 판단을 하려 할 때는 전체 인간의 성격을 생각하라. 최고의 기쁨을 느끼는 자리에서 너는 가장 큰 두려움을 느낄 것이다. 모든 것이 평화롭다고 느껴질 때, 미래의 위험 요소는 사라진 것이 아니라 다만 은신하고 있는 것이다. 뭔가 너의 감정을 상하게 할 만한 일이 언제든 일어날 수 있다고 생각하라. 키잡이라면 신속히 밧줄을 잡아당겨야 할 때 실수하지 않도록 태평하게 돛을 다 펴라고 명령하지 않는다.

무엇보다 이 점을 생각하라. 남을 해치고자 하는 힘은 혐오스럽고 증오심으로 가득하고, 인간에게는 가장 안 어울리는 것이다. 인간의 친절함은 심지어 야만스런 짐승조차 유순하게 만든다. 코끼리가 얌전히 멍에에 목을 내어주는 것을 생각해보라. 소년들과 여자들에게 등을 내어주고 그들이 올라가서 밟아도 묵묵한 황소를,[11] 술잔 사이사이로 그리고 우리 가슴속으로

---

10 세네카의 말은 남을 배신하는 것이 인간의 본성이라는 뜻이 아니라, 정상적으로는 선한 인간 본성을 개개인이 왜곡한다는 의미이다.

11 코끼리나 황소가 곡예에서 보여주는 모습을 말한다.

미끄러지듯 움직이면서도 해를 끼치지 않는 뱀을, 곰과 사자가 마치 집에서 키우는 애완동물처럼 콧등을 쓰다듬는 손길에도 가만히 있는 모습을, 사나운 짐승들이 제 주인에게 아양을 떠는 모습 등을 보라. 동물도 길이 들면 이럴진대 인간 본성을 짐승의 그것과 바꾼다면 정말 부끄러운 일이 아닐 수 없다.

자신의 조국을 해롭게 하는 것은 말할 수 없이 잘못된 행동이다. 같은 시민에게 해를 끼치는 것 역시 더없는 악행이다. 그는 우리 조국의 일부이기 때문이다. 만일 우리가 전체를 경외할 가치가 있다면 그 일부도 신성한 것이다. 따라서 한 인간을 해롭게 하는 것은 잘못이다. 그는 너와 같은 로마의 시민이기 때문이다. 손이 발을 해하려 하거나 눈이 손을 해하기를 원한다면 어떻게 되겠는가? 우리의 팔과 다리가 서로 긴밀하게 조화를 이루는 것은 각 부분들이 모두 온전하게 지켜지는 것이 전체의 이익에 부합되기 때문이다. 마찬가지로 우리가 개개의 사람들을 모두 아껴주어야 하는 것은 우리 인간 역시 공동체를 형성하기 위해 태어났으며 각 부분을 모두 사랑하지 않고서는 사회가 건강하게 유지될 수 없기 때문이다.

독사든 살무사든 우리를 물거나 공격해서 해치는 어느 동물이든 간에, 장차 그들을 길들일 수 있고 그들이 우리나 다른 사람들을 위험에 빠뜨리지만 않는다면 우리가 그들을 박멸하지는 않을 것이다. 그러므로 우리가 어떤 사람에게 벌을 주는 것은 그가 잘못을 저질렀기 때문이 아니라 그가 앞으로 잘못을 저지르지 않게 하기 위함이다. 처벌은 절대로 과거의 생각에 적용되어서는 안 되고 반드시 미래를 바라보아야 한다. 그것은 화가 아니라 경고의 의미를 갖는다. 만일 비뚤어지고 못된 성격을 가진 사람을 하나하나 모두 벌주어야 한다면 거기서 자유롭게 헤어날 사람은 아무도 없을 것이다.

32 "하지만 화에는 약간의 쾌락이 따릅니다. 고통을 고통으로 갚아주는 것은 기분 좋은 일입니다."

 절대 그렇지 않다. 자신이 입은 은혜에 대해서는 어떻게든 보답을 하는 것이 좋지만, 잘못을 잘못으로 되갚아주는 것은 명예로운 일이 아니다. 선의의 경우는 지는 것이 부끄러운 일이지만, 악의는 이기는 것이 부끄러운 일이다. 복수는 비록 그것이 정의로운 일로 받아들여진다고는 할지라도 인간에게는 어울리지 않는 단어다. 복수하는 사람은 애초에 잘못된 행동을 한 사람과 별다를 게 없다. 단지 누가 먼저 상대에게 고통을 주었느냐가 다를 뿐이다. 그리고 나쁜 행동을 한 데 대해 좀 더 쉽게 용서받는 것뿐이다.

 어떤 사람이 공중목욕탕에서 마르쿠스 카토를 몰라보고 자기

...

마르쿠스 포르키우스 카토. 로마 공화정 말기의 보수 원로원 의원이자 정치가이며 스토아학파의 철학자로도 유명하다. 이미 도덕적으로 가장 높은 권위자였던 그는 탑수스 전투에서 패한 후 카이사르의 관용을 받아들이지 않고 자결함으로써 후대에 위대한 정신의 귀감으로서 위상이 더욱 높아졌다.

도 모르게 그를 쳤다. (누가 알고서야 그런 사람에게 해코지를 하겠는가?) 나중에 그가 용서를 구하자 카토는 그에게 이렇게 말했다.

"나는 맞은 기억이 없네."

그는 보복을 하기보다는 그 일을 문제 삼지 않는 편이 낫다고 생각했던 것이다.

너는 이렇게 묻는다. "그렇게 무례한 행동을 하고도 후환이 없었단 말인가요?"

후환은커녕 오히려 엄청나게 좋은 것을 얻었다. 그 일을 계기로 카토와 알고 지내게 되었으니까. 악행은 경멸할 가치조차 없다고 여기는 것이 위대한 정신의 표식이다. 복수 중에 가장 모욕적인 복수는 상대를 복수할 가치도 없다고 보는 것이다. 많은 이들이 복수를 하려다가 사소한 피해를 더욱 가슴 깊이 새기게 된다. 위대하고 고귀한 사람은 강아지들이 캥캥 짖어대는 소리에는 관심도 없는 맹수와도 같다.

33   반론: "누군가가 우리에게 해를 입혔을 때 복수를 하면 우리가 무시당하는 일이 줄어들 텐데요."

만일 우리가 일종의 해결책을 찾는다면 화를 배제해야 하고, 보복이 즐거워서가 아니라 그것이 유용하기 때문이라는 생각으로 임해야 한다. 하지만 보복을 하기보다 모른 체하는 편이 더 나을 때가 종종 있다. 우리보다 힘센 자가 우리에게 부당한 행동을 한다면 우리는 그저 묵묵히 참는 것이 아니라 웃는 얼굴로 참아내야 한다. 한 번 자신들의 악행이 성공했다고 믿으면 그 짓을 또 할 것이기 때문이다. 엄청난 행운으로 정신이 오만해지면 사람들은 최악의 모습을 보이곤 한다. 그들은 자신이 악행을 저질러온 대상들을 증오하기까지 한다.

왕들의 비위를 맞추면서 나이를 먹은 한 노인이 했던 말이 세상에 널리 알려져 있다. 궁에서 장수長壽를 한다는 것이 참

드문 일인데 어떻게 그것이 가능했느냐는 질문에 그는 이렇게 대답했다. "부당한 일을 당해도 묵묵히 받아들이고 '감사합니다.'라고 말했기 때문입니다." 부당함에 대해 복수하는 것이 도움이 안 될 뿐 아니라 종종 자신이 부당한 일을 당했다고 생각하는 것조차 도움이 안 될 때가 많다.

가이우스 카이사르[12]는 빼어난 로마의 기사 파스토르의 아들을 감금했는데 그 이유가 그 젊은이의 멋 부린 차림새와 유난히 공들여 손질한 머리모양이 자신의 심기를 거슬렸다는 것이었다. 청년의 아버지가 아들의 목숨을 살려 달라고 애원하자 그는 마치 생각났다는 듯이 사형 집행을 명하였다. 하지만 그의 아버지에 대해서는 그리 악독하게 굴 생각이 없다는 듯이 바로 그날 그를 만찬에 초대했다.[13]

궁에 들어온 파스토르의 얼굴에는 원망의 빛이 조금도 없었다. 카이사르는 커다란 잔을 들어 그의 건강을 위해 건배를 제의하면서 몰래 그에게 감시를 붙여 지켜보게 했다. 그 슬픈 아

■

12　고대 로마제국 제3대 황제이자 독재자 칼리굴라를 칭한다. 제1권에서도 언급된 그는 세네카의 책에 무자비하고 사악한 독재자의 예로 자주 등장한다.

13　이는 물론 비꼬는 뜻으로 한 말이다. 파스토르를 연회에 초대한 것은 당연히 소름 끼칠 만큼 잔인한 행동이었다.

버지는 마치 아들의 피를 마시는 것처럼 이를 악물고 술을 마셨다. 카이사르는 그에게 향유와 화관을 하사하고 파스토르가 그것을 받는지 지켜보라고 감시자에게 명했다. 그는 그것을 받았다. 아들을 땅에 묻은 날—아니 아들을 채 묻을 겨를도 없이—통풍에 걸린 늙은 아버지는 백 명의 연회객 중 한 명으로 그곳에 자리하고서, 자식들의 생일에도 그렇게 많이 마시지 않았을 포도주를 들이키면서도 눈물 한 방울 흘리지 않았으며 털끝만큼도 슬픔을 내색하지 않았다. 그는 마치 아들의 목숨을 살려 달라는 탄원이 받아들여진 것처럼 혼연히 식사를 했다. 왜냐고, 그대는 묻는가? 그에게는 또 한 명의 아들이 있었기 때문이었다.

위대한 프리아모스는 어떤가? 그는 분노를 감추고 왕의 무릎을 끌어안고는 자기 아들의 피로 물든 그의 손에 입 맞추고 식사를 함께 하지 않았던가? 그렇다. 하지만 그에게는 향유도 화관도 없었다. 그의 경우에는 끔찍하게 잔인한 적이 위로의 말을 수없이 건네면서 그에게 음식을 먹으라고 재촉해댔지만, 감시인이 엄청나게 큰 술잔을 코앞에 들이대며 계속 비우라고 강요하지는 않았다.

위에 언급한 로마의 아버지(파스토르)로 말하자면, 만일 그가 느꼈던 두려움이 자신의 안위 때문이었다면 나는 그를 경멸했

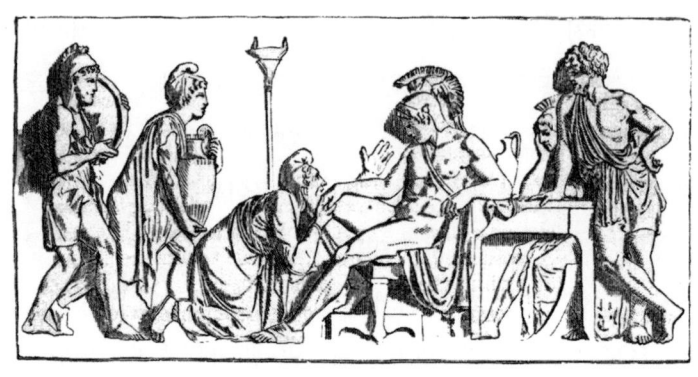

트로이의 왕 프리아모스는 아킬레우스가 처참하게 살해한 자신의 아들 헥토르의 시신을 돌려 달라고, 아킬레우스의 발아래 엎드려 그에게 간청했다.

을 것이다. 그의 경우에는 가족에 대한 헌신적 사랑이 그의 분노를 억누르게 했다. 그가 연회에서 물러나 아들의 시신을 수습하는 것이 허락될 만도 했지만 때로는 친절하고 다정했던 젊은 카이사르(칼리굴라)는 이것마저 허락하지 않았다. 그는 늙은이에게 걱정을 떨치라고 충고하면서 연거푸 건배를 제의해서 그를 괴롭혔다. 그 노인은 마치 그날 무슨 일이 있었는지 기억을 깨끗이 지워버리기라도 한 것처럼 아무렇지도 않은 얼굴을 했다. 만일 그가 그날, 살육자의 마음에 들지 않는 손님이 되었더라면 아마 남은 한 명의 아들도 무사하지 못했을 것이다.

34

그러므로 우리는 화와 거리를 두어야 한다. 화를 자극하는 상대가 동료든 윗사람이든 아랫사람이든 마찬가지다. 동료와 싸우면 이런저런 식으로 갈등이 생긴다. 윗사람과의 싸움은 미친 짓이고, 부하라면 창피한 일이다. 자신을 문 상대를 뒤에서 달려들어 똑같이 물려는 사람은 형편없는 사람이다. 생쥐와 개미는 네가 손가락을 들이대면 문다. 약한 것들은 누군가가 자기에게 손만 대도 해를 입히려는 것으로 여긴다.

우리를 화나게 하는 사람이 과거에 우리에게 좋은 일을 했던 것을 생각하면 화가 누그러질 것이다. 그의 공적으로 잘못을 상쇄하라. 또한 우리가 보여준 관용이 알려져서 우리에 대한 남들의 평가가 얼마나 올라갈지, 그리고 용서를 통해서 유익한 친구들을 얼마나 많이 갖게 될지도 생각하라.

자신의 화가 개인적인 적, 혹은 공적인 적들의 아들에게로 향하지 않도록 하라. 이는 술라가 보였던 잔인함의 사례들 중 하나로, 그는 추방당한 자의 아들들도 공적 생활로부터 배제시켰다. 아버지에게로 향했던 증오를 아들이 상속받는 것만큼 부당한 것은 또 없다.

용서해주기가 싫다고 느껴질 때마다 만일 모든 이들이 절대 용서할 줄 모른다면 그것이 과연 우리에게 이익이 될 것인지를 생각해야 한다. 용서를 거부했던 자가 반대로 용서를 구하게 되는 경우가 얼마나 많은가. 자신이 거칠게 밀쳐냈던 자의 발밑에 엎드려 비굴하게 굽실거려야 하는 경우가 얼마나 많은가. 분노를 우정으로 바꾸는 것보다 아름다운 일이 또 있겠는가. 로마 사람들에게 한때 가장 불굴의 적이었던 사람들보다 더 충실한 동맹국이 또 있을까? 국가에 유익한 선견이 승리자와 피정복자들을 완벽하게 하나로 결합시키지 않았더라면 오늘날의 제국이 어디 있겠는가?

누군가가 네게 화를 낸다고 가정해보라. 이때 너는 반대로 친절함으로 그에게 맞서야 한다. 갈등은, 어느 한쪽에서 그것을 벗어버리면 즉각 진정이 된다. 상대가 없으면 싸움이 일어날 수가 없다. 그러나 서로 화를 내면 언쟁을 하게 되고 갈등이 생긴다. 먼저 물러나는 자가 더 나은 사람이다. 승리한 자가 진 것이다. 누군가가 너를 쳤다고 가정해보라. 뒤로 한 걸음 물러서라. 같이 맞받아치는 것은 더 잦은 주먹질의 기회와 구실이 될 뿐이고, 물러나고 싶을 때 물러날 수 없게 한다.

화를 폭발시키는 당신, 자신의 모습을 거울로 보라

35   적을 너무 세차게 찌르는 바람에 자기 손까지 상처

에 깊숙이 박혀서 뺄 수조차 없게 되는 것은 분명 아무도 원치 않을 것이다. 그렇지 않은가? 화란 바로 그런 무기다. 철회하는 것은 불가능하다. 우리는 언제라도 사용할 수 있는 무기, 크기가 적당하고 다루기 쉬운 검을 찾는다. 그렇다면 격렬하고, 무거워서 다루기도 힘들고, 돌이킬 수도 없는 마음의 공격을 우리는 피해야 하지 않을까?

명령을 받으면 가던 길을 멈출 수 있고, 원래 목적했던 지점보다 제멋대로 더 나아가지 않을 수 있고, 달리기에서 걷기로 언제든 속도를 늦출 수만 있다면 괜찮다. 만일 우리의 근육이 우리 의지와 상관없이 움직인다면 어딘가 문제가 있는 것이다. 팔다리가 제멋대로 움직여서 자기는 걷고자 하는데 뛰는 사람은 나이 많은 노인이거나 몸이 쇠약한 사람이다. 마음이 가장 건강하고 건전하게 움직일 때는 자기 마음대로가 아니라 우리의 의지에 따라 움직일 때임을 잊지 말아야 한다.

그런데 먼저 화의 추악함을 자세히 들여다보고, 그다음으로 화의 위험성을 자세히 관찰하는 것보다 화를 억제하는 데 도움이 되는 것이 또 있을까? 어떤 격정도 화만큼 그 모습이 혼란스럽지는 않다. 화는 가장 아름다운 얼굴을 추하게 만들고, 가장 평온한 것을 거칠게 만든다. 화가 난 사람은 예절이나 단정함 따위는 잊어버린다. 설사 그들이 품위 있게 옷을 차려 입었어도 그 옷을 마구 찢으며 자기 모습이 어떻게 보이든 신경 쓰지 않는다. 그들의 머리모양이 원래 아름답든 손질을 해서 우아하게 되었든 간에 머리카락도 마음만큼이나 빳빳하게 곤두선다. 그들의 혈관은 부풀어 오르고, 가슴은 심장박동이 빨라져 심하게 쿵쿵거리고, 목울대는 광포한 소리가 뿜어져 나오며 잔뜩 경직된다. 또한 그들의 관절 마디마디가 떨리고 손은 불안하게 움직이며 몸은 마치 파도를 치듯 전신이 요동친다.

겉모습이 이렇게 사납다면 마음의 모양은 어떨 거라고 상상하는가? 호흡은 더 거칠고 공격에만 완전히 집중되어 있고, 화를 터뜨리지 못하면 당장이라도 폭발할 것 같은 가슴속 마음의 형상은 얼마나 더 끔찍한 모습일까!

피를 뚝뚝 떨어뜨리고 있는 혹은 살육에 열을 올리는 적들이나 사나운 짐승과 같은, 시인들이 상상해온, 독사들을 몸에 휘감고 입에서 불을 뿜는 지하세계의 괴물과 같은, 전쟁을 일으키려고 지옥에서 나와서 나라들 사이에 분쟁을 퍼뜨리고 평화를 갈기갈기 찢어놓는 가장 포악한 신들과 같은, 그것이 바로 우리가 마음의 눈으로 바라본 화의 모습이다. 그것의 눈은 이글이글 불타고, 꽥꽥거리는 소리와 고통에 찬 울부짖음과 고함소리, 식식거리는 소리들로 엄청난 소란을 일으키고, 양손에 무기를 쥐고 마구 휘두르며(그것은 사실 자기 방어에는 관심도 없다.), 광포하고, 피비린내가 나고, 상처투성이에, 자기가 자초한 부상으로 군데군데 멍이 들고, 미친 듯한 걸음걸이로 어둠을 망토처럼 걸치고, 공격하고 파괴하고 적을 패주시키며, 모든 사람들, 모든 상황에 대한, 그리고 무엇보다 자기 자신에 대한 증오로 괴로워하고, 증오하고 동시에 증오의 대상이 되면서, 달리 해칠 길이 없다면 그것은 땅과 바다와 하늘까지 전복시키려고 한다.

만일 네가 이것을 선호한다면 시인의 입을 빌려 이를 묘사해보자.

전쟁의 여신은
오른손으로 피 묻은 채찍을 휘두르며 걷는다.

혹은

갈기갈기 찢어진
그녀의 망토를 자랑으로 여기는 불화여.

혹은 이 끔찍한 격정의 더 끔찍한 모습을 상상해볼 수 있는 거라면 무엇이든 좋다.

36

섹스티우스[14]가 말했듯이, 어떤 사람들은 화가 날 때 화난 자신의 모습을 거울로 보는 것만으로도 큰 도움을 받았다. 그들은 자신의 모습이 그렇게까지 달라질 수 있다는 데에 충격을 받았다. 말하자면, 화가 폭발되는 바로 그 순간의 자신의 모습을 그들은 알아보지 못한다. 사실 거울에 비친 모습은 실제의 추악함에 비해 얼마나 미미한 부분만을 그들에게 보여주고 있는가!

만약에 화를 내고 있는 우리의 마음이 눈에 보인다면, 그것이 형태를 갖추고 빛을 발한다면 시커멓고, 얼룩덜룩하고, 부글부글 끓고, 비뚤어지고 퉁퉁 부은 그 모습에 보는 사람마다 기절초풍을 할 것이다. 현재는, 뼈와 살과 그 밖의 많은 장애물들을 헤치고서야 비로소 마음이 겉으로 드러나는데도 그 추악함은 엄청나다. 그러니 위에 덮여 있는 것이 없다면 어떻겠는가?

분명 너는 고작 거울 때문에 화를 멀리할 사람은 아무도 없을 거라고 생각할 것이다. 물론 그렇다. 스스로를 변화시키기

■

14 퀸투스 섹스티우스는 아우구스투스 시대에 활동했던 로마의 철학자로 스토이즘과 피타고라스 사상, 심미학을 접목해 윤리적 체계를 정교하게 가다듬었다. 그의 제자로는 파피리우스 파비아누스, 소티온 등이 있으며 세네카는 다시 이 두 사람의 강의를 듣고 많은 영향을 받았다.

위해 거울 앞에 다가서는 사람이라면 거울 없이도 진즉 달라졌을 테니까. 화난 사람에게 사납고 냉혹한 모습보다 더 걸맞은 모습은 없을 것이고, 그것이 바로 그가 보이고 싶은 모습이다.

우리는 화가 혼자 힘으로 얼마나 많은 사람들에게 해를 끼쳐왔는지를 생각해보아야 한다. 어떤 사람들은 지나치게 흥분한 나머지 혈관이 파열되었고, 어떤 사람들은 목이 터져라 소리를 지르다가 목에서 피가 났고, 어떤 사람들은 너무 격렬하게 울어서 시야가 흐려지기도 했으며, 어떤 사람들은 아예 병석에 눕게 되기도 했다.

화보다 빨리 우리를 광기로 이끄는 길은 없다. 때문에, 많은 사람들이 화의 발작을 수습하지 못하고 한 번 놓아버린 정신을 다시는 되찾지 못하기도 한다. 광란이 아이아스를 자살로 내몰았고 화가 그를 미치게 만들었다.[15] 화가 난 사람은 자기 자식에게 죽어버리라고, 스스로에게 거지가 되라고, 식구들에게 망해버리라고 저주의 말을 퍼붓는다. 미친 사람이 자기가 미쳤다는 것을 인정하지 않듯이 그들도 자신의 화를 인정하지 않는

---

15 죽은 아킬레우스의 갑옷 등의 무기를 놓고 오디세우스와 벌인 결투에서 패배하여 자신이 그것을 차지하지 못하게 되자 위대한 전사 아이아스는 광란에 미쳐 날뛰다가 자살을 하고 만다. 소포클레스의 「아이아스」에 이 이야기의 끝이 그려져 있다.

다. 그들은 가장 가까운 친구들, 누구보다 사랑하는 소중한 사람들에게 적이 된다. 법조차도 상대를 해할 수단으로만 이용하려 하고 사소한 일에도 파르르 격분한다. 대화나 충실한 관심이 미치지 않는 곳에 있는 그들은 무엇을 하든 폭력에 의존하면서 검으로의 대결이든 자결이든 할 각오가 되어 있다.

왜냐하면 그들은 모든 것을 능가하는 최대의 악덕, 즉 화의 포로가 되었기 때문이다. 다른 악덕은 서서히 조금씩 스며들어 온다. 그러나 화는 급작스럽게 한꺼번에 밀어젖히고 들어온다. 간단히 말해서, 화는 다른 모든 격정들을 자신의 수하에 둔다. 그것은 가장 따뜻한 애정조차 무기력하게 만든다. 그들 자신이 사랑했던 사람을 찔러죽이고 자기가 죽인 사람의 품 안에 쓰러지게 되는 것은 바로 그래서이다. 화는 가장 질기고 가장 굽힐 줄 모르는 악덕인 탐욕을 짓밟고, 그 부를 마구 탕진하게 하며, 자기 집과 평생 모은 전 재산에 제 손으로 불을 지르게 만든다. 야심에 불타던 사람이 화로 인해 매우 소중해하던 지위의 표상들을 모두 던져버리고 명예마저 발길로 차버리지 않던가? 화가 지배하지 못하는 격정은 아무것도 없다.

제 3 권

화에 대하여 III

**상대를 파멸시키기 위해
자신이 파괴되는 것도 불사하는 것이 화다**

<u>1</u>　　자, 노바투스여, 이제 네가 특히 원했던 것을 하고자 한다. 그것은 바로 마음에서 화를 없애는 방법, 혹은 최소한 그것을 제어하고 그 맹습을 늦추는 방법에 대해 알아보는 것이다. 아직 악덕의 힘이 미약해서 통제가 가능할 때는 이 작업은 터놓고 공개적으로 이루어져야 한다. 하지만 악덕의 불길이 너무 거세고 뜨거워서 오히려 그것을 가로막는 장애물 앞에서 더욱 사나워질 뿐이라면 그 작업은 은밀하게 진행되어야 한다. 그 악덕의 불길이 얼마나 거센지, 얼마나 혈기가 넘치는

지에 따라 우리가 그 불을 진압하고 격퇴시킬지 아니면 일단 굴복할지가 결정된다. 불길이 폭풍처럼 거셀 때는 자칫 우리가 시도하려는 대책까지 송두리째 그 불길에 휩쓸려 갈 수 있기 때문이다.

우리의 전략은 각 개인의 성격에 기초한 것이어야 한다. 어떤 사람은 간곡한 부탁에 마음이 움직이고, 어떤 사람은 상대가 유순하면 괴롭히고 학대한다. 어떤 사람은 겁을 주면 잠잠해질 것이고 어떤 사람은 꾸짖음을 당하면, 또 어떤 사람은 상대가 죄를 고백하고 참회하면 화가 진정이 된다. 또 어떤 사람에게는 부끄러움을 느끼게 하는 것이, 어떤 사람에게는 잠시 화를 지연시키는 것이 효과적이다. 이것들은 악의 저돌적인 돌진에 비하면 한가한 대응이긴 하지만 우리가 최후의 순간에 의지해야 하는 수단이기도 하다.

다른 격정들은 잠시 뒤로 미루어지는 것이 용납되고 천천히 대처해도 되지만, 화의 폭력성은 그것이 일단 자극을 받아 활동에 나서면 천천히 조금씩 나아가는 법이 없고 처음부터 완전히 무르익어서 걷잡을 수 없이 달음질친다. 그것은 다른 악덕들처럼 우리 마음을 괴롭히는 것에서 그치지 않고 아예 낚아채서 나쁜 길로 이끌고 간다. 그것은 마음에 자제력이 부족한 사람들, 어쩔 수 없다면 모두 함께 망하기를 갈망하는 사람들을 마구 몰아댄다. 그 맹위는 그것이 겨냥하는 상대만을 향하는 것이 아니라 중간에 방해가 되고 거치적거리는 것이 있다면 무엇이든 습격한다.

다른 악덕들은 우리 마음을 한쪽으로 밀어내지만 화는 그것을 거꾸로 처박아버린다. 우리가 격정에 저항하는 것은 불가능할지도 모르지만 적어도 격정 그 자체가 머뭇거리며 주저할 수는 있다. 그러나 화는 벼락이나 태풍, 그 밖에 되돌릴 수 없는 다른 것들과 마찬가지로 그저 움직이는 것이 아니라 돌진하는 것이다.

다른 악덕들은 이성에 대항하지만, 화는 인간의 온전한 정신에 대항한다. 다른 것들은 서서히 접근해서 우리가 모르는 사이에 조금씩 세력을 넓혀가지만, 화는 우리 마음을 냅다 내동댕이친다. 그러므로 화만큼 그 힘이 엄청나고, 화만큼 오로지 자신만의 광포한 길을 나아가는 데만 몰두하는 격정은 없다. 화는 성공을 거두면 의기양양해하고 좌절되면 미쳐버린다. 격퇴되었을 때조차 화는 "이 정도면 충분하니 이제 그만두자."고 말하지 않는다. 적이 운이 좋아서 달아나는데 성공했다면 화는 제 살을 물어뜯는다. 화에게는 자신이 일어나게 된 원인이 어디 있는지는 중요하지 않다. 그것은 가장 사소한 것에서 출발해서 엄청난 결과를 낳는다.

2

화는 연령과도 상관없고 인종과도 무관하다. 어떤 민족은 가난함을 타고난 덕에 사치를 모른다. 어떤 민족은 힘든 유목생활을 이어가야 하기에 게으름을 모른다. 어떤 민족은 문명으로부터 격리되어 거칠고 야만적으로 사는 탓에 배신과 사기, 그 밖에 광장에서 비롯되는 그 모든 악덕을 모른다. 그러나 화를 모르는 민족은 없다. 그것은 그리스인에게나 야만족에게나 똑같이 맹위를 떨치고, 법을 두려워하는 자에게나 힘이 정의인 자에게나 똑같이 파멸을 가져다준다.

마지막으로, 다른 악덕은 모두 개개인을 사로잡는 반면 오직 화만큼은 때로 국가 전체를 휘어잡을 힘을 갖는다. 온 국민이 한 여인을 애타게 사모한 적도 없고, 나라 전체가 돈이나 어떤 이득을 취하는 데 모든 희망을 걸었던 적도 없다. 야망은 한 번에 한 사람만을 포로로 삼으며 자제력의 상실은 전 국민이 공유하는 악덕이 아니지만, 온 국민이 한 덩어리가 되어 분노하는 경우는 흔히 있다.

이때는 남자나 여자나, 늙으나 젊으나, 귀족이나 천민이나 한 가지 생각으로 일치단결한다. 몇 마디 안 되는 말에 온 국민이 선동되어 오히려 선동하는 자보다 더 분노한다. 그들은 즉각 흩어졌다가 횃불과 검을 들고 다시 모여서는 이웃 나라에 전쟁을 선포하거나 혹은 자기들끼리 전쟁을 벌인다.

모든 가옥과 식솔들이 함께 불타서 잿더미가 되고, 불과 얼마 전까지 뛰어난 연설로 갈채를 받고 대단한 존경을 받던 사람이 대중 앞에서 장광설을 늘어놓다가 분노를 사서 희생된다. 로마 군단이 자신의 지휘관을 향해 창을 날렸고 모든 평민들이 귀족들과 반목하기도 했다. 원로원에서는 징집 명령을 내리거나 지휘관의 임명을 기다리지도 않고 격노 속에서 급히 사람들을 뽑아 공격의 선두에 세우고는 시 전체를 샅샅이 뒤져 유명 인사들을 찾아내 처형했다. 만인이 인정하는 원칙[1]이 짓밟히고 사절 일행이 폭행을 당했을 때 전대미문의 격노가 국가 전체를 휩쓸었다. 활활 타오르는 대중의 광기가 진정될 겨를도 없이 서둘러 징집한 병사들을 싣고 즉각 함대가 출격했다. 그들은 새 점도 치지 않고 관습도 무시하고 오로지 화를 지휘관으로 삼아 무기 대신에 아무거나 닥치는 대로 집어 들었다. 결국, 무모하고 경솔한 화의 대가로 돌아온 것은 엄청난 재앙이었다.

이것이 아무렇게나 전쟁에 뛰어든 야만족들이 맞이한 결과였다. 쉽게 화에 휩쓸리는 그들이 부당한 대우를 받았다는 느낌에 휩싸였을 때 그들은 앞뒤 재지 않고 즉각 행동에 나섰다.

---

[1] 만인이 인정하는 원칙이란 외교사절의 자유로운 행동을 보장해주는, 말하자면 국제법을 말한다.

불만에 이끌려 충동적으로 행동했던 그들은 우리 로마 군단 앞에 마치 눈사태처럼 무너져 내렸다. 질서도, 두려움도, 경계심도 없었고 오로지 스스로를 해치는 길로 뛰어든 셈이었다. 그들은 기꺼이 공격을 당하고, 기꺼이 자신들을 찌른 검을 향해 뛰어들고, 기꺼이 자신을 꿰어 찌른 창으로 몸을 날리고, 그리고 자신들이 만든 상처로 인해 죽어가면서도 기쁨을 느낀다.

3 너는 말한다. "화의 힘이 강하고 병적이라는 것은 의심할 여지가 없습니다. 그러니 그것을 치유할 방법을 가르쳐 주십시오."

하지만 앞에서 설명한 바와 같이, 아리스토텔레스는 화를 옹호하는 입장이며 그것을 완전히 제거하는 것을 말리고 있다. 그는 화가 미덕을 자극하는 역할을 하기에 그것을 제거하면 마음이 무방비 상태가 되고 너무 무기력하고 나태해져서 큰일을 도모할 수 없게 된다고 말한다.

그러므로 화의 혐오스럽고 야만적인 속성을 증명해 보일 필요가 있고, 한 인간이 다른 인간을 향해 격노하는 것이 얼마나 괴물 같은지를 너에게 보여줄 필요가 있다. 또한 상대를 파괴하는 과정에서 자신이 파괴되는 것도 불사하고, 상대를 난파시키기 위해 자신도 그들과 함께 익사해도 어쩔 수 없다고 여기는 화란,

얼마나 광포한 것인지를 너의 눈앞에 보여줄 필요가 있다.

자신의 의지대로 행동하는 것이 아니라, 제멋대로 날뛰는 악마에게 휘둘려 폭풍에 휩쓸린 듯 행동하는 사람을 정말 제정신이라고 할 수 있겠는가? 그는 복수의 임무를 남에게 위임하는 것이 아니라 스스로 그 집행자가 되어 야만스러운 생각과 행동으로 자신에게 가장 소중한 사람들, 죽고 나서 이내 애통해하며 눈물을 흘리게 될 것이 뻔한 사람들을 잔인하게 죽인다.

미덕이 무언가를 수행하기 위해 필요로 하는 단호한 의지를 혼란에 빠뜨리는 화를 누가 미덕의 조력자이자 동료로 삼을 것인가? 그 격정의 힘은 순간적이고 사악하며, 자신을 해치는 것 말고는 아무런 능력이 없으며, 마치 병자가 열에 들뜬 상태에서 내는 순간적인 힘과도 같다.

그렇다면 화가 마치 활력의 중요한 원천인 것처럼 거기에 임무를 할당하고, 전투에, 중요한 책무의 수행에, 또한 무엇이든 열의가 필요한 곳에 그것을 소환하는 철학자[2] —그것도 아주 저명한—가 있다고 해서 마치 사람들 사이에 화에 대해 두 가지 상반된 입장이 존재하는 양, 내가 화를 헐뜯는 것을 헛된 시간 낭비라고 생각할 이유는 없다.

■

2 아리스토텔레스를 말한다.

화가 어떤 때에는, 혹은 어떤 장소에서는 가끔 유용할 때도 있을 거라고 사람들이 믿게 만들어서는 안 된다. 걷잡을 수 없고 미치광이 같은 화의 실체는 명확히 설명되어야 하고, 그에 어울리는 것들은 화에 귀속되어야 한다. 화에 속하는 것들은 이를 테면 이런 것들이다. 고문대, 고문 기구, 밧줄, 감옥, 산 사람을 반쯤 땅에 묻고 그 주위에 불을 놓는 것, 시신을 질질 끌고 가는 데 필요한 갈고리, 각종 포박기구, 온갖 형벌들, 찢어진 사지, 이마에 찍힌 낙인, 맹수들을 가둔 우리. 그 비명이 너를 전율케 할 것이다. 모든 광란의 도구들보다 더 악독하고 혐오스러운 화는 이들 사이 어딘가에 적절한 자리를 차지해야 마땅하다.

4 화의 다른 면에 대해서는 의심의 여지가 있을지 모르지만 어떤 격정도 이렇게까지 추악한 모습을 하고 있지 않은 것은 분명하다. 거칠고, 사납고, 핏기가 싹 사라졌을 때는 백지장처럼 창백하고, 온몸의 피와 기운이 얼굴로 쏠릴 때는 마치 출혈을 한 듯 시뻘겋게 달아오르는 얼굴, 부풀어 오르는 혈관, 이리저리 미친 듯 날뛰다가 한 곳을 뚫어져라 쏘아보는 시선.

여기에 더해서, 자신들의 무기인 엄니를 날카롭게 가는 멧돼지를 흉내 내기라도 하듯 이를 부득부득 가는 소리, 비틀린 손의 관절에서 나는 우두둑 소리, 몇 번이고 두들겨대는 가슴팍, 헐떡이는 숨소리, 폐부에서 나오는 절규, 현기증, 느닷없이 지르는 뜻 모를 고함, 앙 다물었다가 이제는 부르르 떨리는 입술에서 나오는 혐오스러운 식식거림.

헤라클레스에 의하면 짐승들도—굶주림에 내몰리든 혹은 창에 내장을 꿰찔렸든 간에 죽어가는 와중에 마지막으로 사냥꾼을 물려고 발악하는 그 순간에조차—화에 불타는 인간보다 그 모습이 더 추악하지는 않다. 만약 네가 그 위협적인 소리를 들어볼 시간이 있다면 고뇌하는 마음이 어떤 말을 하는지 들어보라!

자신이 먼저 남에게 악한 일을 한 데서 화가 시작된다는 것을 깨닫는다면 누구라도 화를 내기 전에 그것을 거두고 싶어지지 않을까? 그렇다면 너는 내가 사람들에게 이렇게 경고하기를 바라지 않느냐? 최고의 권력의 자리에서 화를 휘두르는 사람들에게, 즉각적인 복수가 자신의 힘을 보여주는 거라고 생각하고 그것을 최고의 행운이 가져다준 엄청난 특권 중 하나로 손꼽는 자들에게, 화의 포로가 되는 사람은 결코 힘이 있는 사람이라 할 수 없으며 심지어 자유의 몸이라 부를 수도 없다는 것을.

또한 너는 내가 사람들에게 이렇게 경고하기를 원하지 않느냐? 그래서 사람들이 저마다 앞뒤를 잘 돌아보고 조금 더 신중해지도록. 또한 우리 마음의 다른 악덕은 가장 형편없는 인간들에게나 해당되지만, 화는 교양 있는 사람들, 다른 면에서는 흠이 없고 올바른 사람들에게도 몰래 스며든다는 것을. 사실 어떤 사람들은 화를 잘 내는 성격을 솔직함의 발로라고까지 생각하고, 심지어 세간에서는 화를 가장 잘 내는 사람이 가장 소탈하고 스스럼없는 사람이라고 여길 정도다.

화는, 마음속 전쟁이다

5 너는 묻는다. "그렇다면 요점이 무엇입니까?"
아무도 자신을 화로부터 안전하다고 여겨서는 안 된다는 것이다. 화는 천성이 부드럽고 온화한 사람에게조차 야만적인 폭력을 끄집어낼 수 있기 때문이다. 체격이 좋고 세심하게 건강을 관리해온 사람도 역병에는 당할 수가 없듯이(역병은 강인한 자와 허약한 자를 무차별적으로 공격하므로), 화는 침착하지 못한 성격에게나 차분하고 편안한 성격에게나 똑같이 위험하다. 아니 오히려 평소의 모습에 비해 변화의 정도가 심한 후

자에게 더 꼴사납고 더 파괴적이다.

하지만 첫 번째 목표가 화를 내지 않는 것, 두 번째는 화가 났더라도 더 이상 나아가지 않고 멈추는 것, 그리고 세 번째가 다른 이들의 화까지 치유하는 것이기에 나는 먼저 화에 굴복하지 않는 법에 대해 이야기하고 그다음으로 우리가 어떻게 하면 거기서 완전히 벗어날 수 있는지, 그리고 마지막으로 화가 난 사람을 어떻게 자제시켜 제정신으로 돌아가게 할 수 있는지에 대해 얘기하겠다.

우리가 만약 화의 해악을 모두 눈앞에 늘어놓고 그것을 철저히 평가해본다면 화를 성공적으로 피할 수 있을 것이다. 그것은 우리 앞에 소환되어 단죄되어야 하며, 우리는 그 해악을 찾아내어 분명하게 설명해야 한다. 그것을 최고의 악덕들과 나란히 자리하게 해서 그 정체를 확실하게 밝혀야 한다.

어떤 사람들은 탐욕스럽게 그러모은 것들을 그나마 잘 활용하기라도 한다. 그러나 화는 낭비벽이 있어 모아두지 않고 오로지 쓰기만 하며 그것에는 반드시 대가가 따른다. 화를 잘 내는 주인을 둔 탓에 얼마나 많은 노예들이 탈주자가 되고 죽음으로 내몰렸던가! 그가 화를 통해 얼마나 많은 것을 잃었으며, 그것에 비한다면 애초에 그를 화나게 만든 손해는 얼마나 미미한 것인가! 화는 아버지에게 비탄을 안겨주었고, 남편에게는 이혼을 가져다주었으며, 정무관을 증오심에 불타게 했고, 후보자를 낙선시켰다.

화가 사치보다 더 나쁜 이유는 사치는 자신만의 쾌락을 좇지만 화는 남의 고통을 즐기기 때문이다. 화는 악의와 시기심을 능가한다. 악의와 시기심은 그저 다른 사람들이 불행해지기를 바라고 그들에게 불운이 닥쳤을 때 기뻐한다. 하지만 화는 자신이 증오하는 사람에게 불운이 찾아와서 피해를 입혀주기를 기다리지 않는다. 화는 자신이 직접 그들을 해하고자 한다.

반목보다 한심한 일은 없다. 화는 반목을 야기한다. 전쟁보다 치명적인 것은 없다. 권력자의 화는 전쟁으로 폭발한다. 하지만 개인들의 일상적인 화는 무기 없는 전쟁과 같다. 게다가 화가 가져오는 결과들, 손실, 반역, 하나의 다툼이 또 다른 다툼으로 이어지는 끊임없는 불안은 제쳐놓고라도 그것은 남을 벌하는 행동으로 자신도 벌을 받는다. 화는 인간의 본성에 위배되기 때문이다. 인간의 본성은 우리를 사랑으로 나아가도록 격려하고 다른 사람들을 이롭게 하는 행동을 하라고 명령한다. 그러나 화는 증오를 부추기고 남을 해롭게 하라고 명령한다.

여기에 더해서, 화는 자신에 대한 지나친 과대평가에서 비롯되기에 스스로를 기개가 있다고 생각할지 모르지만 실은 시시하고 좀스럽다. 자신이 무시당했다고 생각하는 사람은 자신을 무시하는 사람보다 열등하며, 정신이 고매하고 자신의 가치를 제대로 아는 사람은 부당한 대우를 받았다고 복수하지 않는다. 왜냐하면 그가 그것을 느끼지 않기 때문이다.

  창을 던졌을 때 단단한 표면이나 물체에 맞으면 튕겨 나오면서 오히려 던진 사람에게 타격을 준다. 그렇듯이, 부당함은 위대한 정신에 피해를 입히지 못한다. 그것이 목표한 상대보다 자신이 훨씬 무르기 때문이다. 어떤 창으로도 관통할 수 없는 것처럼 모든 모욕과 부당함을 일축할 수 있다면 그 얼마나 멋진가! 복수를 한다는 것은 고통을 인정하는 것이다. 위대한 정신은 악행에 고개 숙이지 않는다. 너에게 부당한 대우를 한 사람이 너보다 강할 수도 있고 약할 수도 있다. 만일 그가 너보다 약하다면 그를 한시름 놓게 하라. 만일 그가 너보다 강하다면 너 자신이 한시름 놓아라.

6   어떤 일에도 자극받지 않는 것은 위대함의 가장 확실한 증거다. 별들과 보다 가깝게, 보다 질서정연하게 존재하는 우주의 상층은 응집해서 구름을 만들지도 않고 태풍을 형성하지도 않으며 회오리바람을 일으키지도 않는다. 아래 지역은 번개가 쳐서 초토화되어도 위쪽은 모든 소동으로부터 자유롭다. 그렇듯이 숭고한 정신은 조용한 정박지에 단단히

닻을 매고 화의 모든 요소들을 진압하면서 항상 자제력을 잃지 않고 평화롭고 질서정연한 모습이다. 화를 내는 사람에게서는 이들 중 무엇 하나 발견할 수 없을 것이다.

자신이 먼저 자제심을 내팽개치지 않고서는 비통함과 격노에 굴복할 수가 없다. 화의 광풍에 휩쓸려 타인을 거칠게 공격하는 자는 우선 자신이 가진 존경받을 만한 자질들을 모두 내버린 자가 아니던가? 흥분한 상태에서 누가 자신의 의무를 충실히 이행할 수 있겠는가? 누가 입을 조심하겠는가? 누가 자기 몸의 한 부분이라도 제어할 수 있겠는가? 한 번 고삐를 놓아버리면 그 누가 자신을 제어할 수 있겠는가?

우리는 데모크리토스의 저 유익한 가르침에 귀를 기울여야 한다. 마음의 평정은 사적으로나 공적으로나 우리 능력을 벗어난 대부분의 활동을 피함으로써만이 얻어질 수 있다[3]고 그는 말한다. 수많은 거래를 처리하며 부산하게 움직이는 사람은 누군가로 인해 혹은 어떤 일로 기분이 상하거나 화가 나지 않고 무사히 지나가는 날이 단 하루도 없을 것이다.

사람들이 북적대는 도시의 거리를 황급히 걸어가다 보면 이 사람 저 사람과 부딪치고, 여기서 발을 헛디뎌 넘어지고, 저기

---

3 세네카가 데모크리토스의 「쾌활함에 대하여」라는 글에서 인용한 부분이다.

서 가로막히고, 또 어딘가에서 물벼락을 맞는 것을 피할 수 없는 것처럼, 어떤 지시도 없고 뒤죽박죽 산만한 인생을 살아갈 때 우리는 수많은 장애물을 만나게 되며 따라서 숱한 불만이 생기게 마련이다. 이 사람은 우리의 희망을 저버렸고 저 사람은 그 희망이 이루어지는 것을 지연시켰으며 어떤 자는 그것을 끝장내 버렸다. 우리가 하고자 하는 일들은 계획대로 순탄하게 진행되지 않았다.

인생을 살면서 수많은 시도를 할 때 항상 예외 없이 운이 따라줄 만큼 운명의 특별한 총애를 받는 사람은 없다. 그래서 우리는 자신의 계획이 좌절되면 사람이나 일에 대해 인내심을 보이지 못하고 별것 아닌 이유로 화를 내고 사람에게, 자기 직업에, 때로는 장소에, 때로는 운명에, 때로는 자신에게 화를 내게 된다.

그러므로 마음을 고요히 다스리기 위해서는 앞서도 말했듯이 자신의 능력을 벗어나는 너무 많은 일, 너무 중차대한 일로 마음이 이리저리 흔들리거나 지치게 해서는 안 된다. 가벼운 짐을 어깨에 졌을 때는 넘어지지 않고 나르기가 쉽지만, 다른 사람들이 우리 어깨에 얹어놓은 짐을 지탱하는 것은 어렵다. 그 무게에 짓눌린 우리는 기회가 오자마자 얼른 그 짐을 내던져 버린다. 짐을 지고 가만히 서 있기만 해도 우리는 그 무게가

버거워 비틀거린다.

7   물론 공적인 일이나 집안일도 마찬가지다. 거치적거리는 것이 없고 다루기 쉬운 일은 우리가 이끄는 대로 순순히 따라온다. 그러나 다루는 사람의 능력에 버거운 일은 그리 호락호락하지 않으며, 그에게 중압감을 주고 엉뚱한 방향으로 이끌고 간다. 그런 일은 어찌어찌해서 천신만고 끝에 성공이 눈앞에 온 것처럼 보이는 순간이라도 그를 넘어뜨리고 일 전체를 망가뜨린다. 그래서 쉬운 일을 맡지 않고 자기가 맡은 일이 쉽기를 바라는 사람은 번번이 좌절하게 된다.

   네가 무언가를 시도할 때는 항상 자신의 능력을 가늠해보고, 자신이 하려는 일과 현재의 준비 상태를 동시에 저울에 달아보라. 그렇게 하지 않으면 미완성으로 끝난 일에 대한 후회가 너를 예민하게 만들 것이다. 물론 너의 성격이 다혈질인지, 냉정한지, 무기력한지에 따라 차이가 있다. 당당한 사람에게 실패는 화를 가져오고, 무기력하고 유약한 사람에게는 슬픔을 줄 것이다. 그렇다면 우리가 맡은 일은 너무 작아도 너무 무모해도 너무 다루기 힘들어도 안 되며, 우리의 희망은 너무 멀리 잡아서는 안 된다. 우리가 그런 일을 해냈다는 것이 두고두고 스스로도 놀라울 정도의 일에는—설사 한 번쯤 성공을 했다고 하더라도 – 가능하면 덤비지 않는 것이 좋다.

화에 대한 대비책, 자신의 감정을 선동하지 말라

8   우리는 부당한 일을 당했을 때 인내하는 방법을 모르기 때문에 그런 일을 당하지 않도록 주의해야 한다. 우리와 가깝게 지내는 사람들은 까다롭거나 괴팍하지 않고 편하게 어울릴 수 있는 온화한 성격이라야 한다. 가까운 사람끼리는 습관도 닮아가게 마련이다. 신체적 접촉으로 병이 옮듯이 가장 가까운 사람들에게는 성격의 단점도 전염된다. 술꾼은 자기 친구들까지 꾀어 진한 포도주를 즐기도록 만들고, 성적으로 방탕한 사람들과 어울리면 아주 완고하고 사내다운 사람조차 여자같이 된다. 탐욕스러운 자는 이웃에게 독을 전파시킨다.

미덕도 똑같은 작용을 하지만 결과는 정반대다. 그것은 자기 궤도 내의 모든 것들을 부드럽게 만든다. 온화한 기후와 풍토가 건강이 안 좋은 사람에게 도움이 되듯이, 마음도 힘을 얻고자 하면 좋은 사람들을 곁에 둠으로써 큰 도움을 받을 수 있다.

야생동물들조차 인간과 함께 생활하는 동안 길이 들어 온순해지는 것을 본 적이 있다면 너는 이것이 얼마나 효과적인지

이해할 수 있을 것이다. 아무리 사나운 짐승이라도 인간과 더불어 살아온 세월이 길어지면 야생성을 잃어버리고 얌전해진다. 성격이 온화한 사람들 속에 있다 보면 거칠고 난폭한 성격이 서서히 누그러져 나중에는 아예 없어지게 된다. 마음이 평온한 사람들과 매일같이 시간을 보내면 그들의 본을 보고 성격이 좋아질 뿐만 아니라, 화를 낼 이유가 별로 없기 때문에 자신이 원래 갖고 있던 악덕에 빠질 기회도 없다. 결국 그는 자연히 화를 잘 내는 자신의 성격을 자극할 만한 사람들은 모두 피하게 될 것이다.

너는 이렇게 묻는다. "그런 사람들은 어떤 사람들입니까?"

많은 사람들이 온갖 이유들로 너에게 그와 같은 영향을 끼칠 것이다. 오만한 사람은 남을 무시하고 모욕하는 말을 신랄하게 쏘아붙이는 그 입으로, 제멋대로 사는 사람은 남들에게 피해를 입히는 것으로, 독살스러운 사람은 그 앙심으로, 공격적인 사람은 툭하면 벌이는 싸움질로, 거짓말을 일삼는 허풍쟁이는 그 허황됨으로 너의 감정을 상하게 할 것이다. 너는 의심 많은 자가 공연히 의심쩍은 눈길로 너를 쳐다보는 것을, 고집쟁이가 부득부득 너를 이기려고 기를 쓰는 것을, 잘난 체하는 자가 코끝을 치켜들고 너를 무시하는 것을 참지 못할 것이다.

솔직하고, 마음씨가 좋고, 절제할 줄 아는 사람들을 친구로 선택하라. 그들은 너의 화를 돋우지 않을 것이고 너의 화를 묵묵히 참아주지도 않을 것이기 때문이다. 상냥하고 인정스럽고 원만한 사람이면 좋겠지만 그것이 지나쳐서 아첨으로 보이는 정도라면 곤란하다. 과도한 유순함이 외려 화를 잘 내는 사람을 자극할 수 있기 때문이다. 내 친구 중에 사람은 참 좋은데 화를 잘 내는 친구가 있었다. 그에게 감언이설을 하는 것은 독설을 하는 것 못지않게 위험하다.

웅변가 카엘리우스[4]가 심하게 다혈질이고 욱하는 성격이었다는 것은 잘 알려진 사실이다. 전해지는 이야기에 따르면, 어느 날 그가 자기 휘하의 평민 한 사람과 방에서 식사를 하고 있었는데 이 사람은 인내심 하나는 알아주는 사람이었다. 하지만 그렇게 근접한 거리까지 들어갔으니 그가 입씨름을 피하기는 어려웠다. 그래서 그는 카엘리우스가 뭐라고 하든지 무조건 맞장구를 쳐주는 게 상책이라고 생각했다. 그가 말끝마다 무조건 동조를 하니 급기야 카엘리우스가 이렇게 소리쳤다.

"뭐든 내 말에 반박을 좀 해보라고. 이거야 나 혼자 있는 것 같으니, 원!"

---

4   마르쿠스 카엘리우스 루푸스, 대중연설가이자 키케로의 부하로 B. C. 48년에 섣불리 반란을 주도하다가 죽음을 당했다.

하지만 상대가 화를 내지 않는다고 화를 내던 카엘리우스조차 화를 받아줄 상대가 없자 이내 누그러졌다.

만일 스스로 생각할 때 자기가 화를 잘 내는 성격이라면, 말 한 마디 표정 하나하나를 읽을 줄 아는 친구를 사귀어야 한다. 물론 그런 친구 때문에 오히려 버릇이 더 나빠져서 자기 뜻에 어긋나는 말은 아예 듣지 않으려 하게 될지도 모르지만 친구의 무던한 성격 덕에 우리의 화에도 조용한 휴식시간이 생긴다는 유익함이 있을 것이다. 성격이 본래 까다롭고 격한 사람도 옆에서 달콤한 말을 해주는 사람에게 화를 내지는 않을 것이다. 다정하게 어루만지는 손길에 끝까지 거칠고 난폭하게 구는 동물은 없다.

토론이 너무 길어지거나 입씨름으로 번지려고 할 때는 더 이상 격해지지 않도록 항상 첫 단계에서 제동을 걸어야 한다. 언쟁은 그냥 놔두면 저절로 커지며 한 번 거기에 빠진 사람을 꽉 붙들고 더욱 깊은 곳으로 끌고 들어간다. 그러니 싸움의 한복판에서 뒤로 빠지기보다 처음부터 싸움을 삼가는 것이 더 쉽다.

9 화를 잘 내는 사람은 부담이 과중한 일은 피하거나 설사 그런 일을 맡게 되더라도 기진맥진해지지 않는 선을 지켜야 한다. 그런 사람은 학문을 하더라도 너무 어려운 주제에 매달리기보다 자신에게 즐거움을 주는 예술 같은 분야

에 종사하는 것이 좋다. 시를 읽으며 마음을 가라앉히거나 역사 속의 전설에 몰두해보라. 그런 것은 비교적 부드럽고 편안한 마음의 양식이 된다.

피타고라스는 마음이 언짢을 때면 수금(고대 그리스의 현악기)을 연주하면서 기분을 풀곤 했다고 한다. 전쟁의 뿔피리와 나팔소리가 사람을 흥분시키듯이, 묘한 매력이 있는 노래들이 우리 마음을 풀어준다는 것을 누군들 모르겠는가. 눈이 피로할 때는 녹색을 바라보는 것이 도움이 된다. 시력이 약해졌을 때 도움이 되는 빛깔이 있는가 하면, 너무 밝은 빛은 우리 눈을 아찔하게 하기도 한다. 마찬가지로, 즐거운 취미는 쇠약해진 정신에 위안을 준다.

화라는 악덕을 자극하는 것들, 광장과 변론, 법정 등은 모두 피해야 할 것들이다. 또한 육체적 피로에도 똑같이 신경을 써야 한다. 몸이 지치면 우리 내면의 고요하고 온화한 기운이 모두 소진되고 날카로움만 남기 때문이다.

성마른 기질의 사람들이 아주 중요한 일을 맡게 되었을 때 먼저 음식을 섭취해서 담즙을 진정시키는 것은 바로 그래서이다. 피로는 특히 담즙 분비를 자극하는데, 그 이유는 피로가 체열을 몸의 중심부로 쏠리게 하고 혈관을 막고 피를 탁하게 하여 혈액 순환을 막기 때문이다. 혹은 몸이 약해지고 불안정해지면 마음이 그 무게에 짓눌리기 때문이기도 하다. (병이 들었거나 고령으로 쇠약해진 사람이 화를 더 잘 내는 이유가 그것이다.) 허기와 갈증도 역시 같은 이유로 피해야 한다. 그것이 우리의 마음을 초조하게 하고 화에 불을 붙이기 때문이다.

 피곤한 사람은 싸울 거리를 찾아다닌다는 옛말이 있다. 배고픈 사람, 목마른 사람, 뭔가 심통거리가 있는 사람도 마찬가지다. 상처가 있으면 누가 스치기만 해도, 아니 스친다는 생각만 해도 아프듯이 마음이 약해지면 사소한 일에도 상처를 받는다. 그 결과 인사나 편지, 말투, 질문 등이 빌미가 되어 싸움이 일어난다. 아픈 부위가 어디든 환부를 만지면 비명이 나오게 마련이다.

10   따라서 처음에 화라는 이 나쁜 질병의 조짐이 있을 때 스스로 의사가 되어 치료하는 것, 입에서 나오는 말의 고삐를 단단히 틀어잡고 공격적인 행동으로 이어지지 않도록 미리 막는 것이 상책이다.

 격정은 맨 처음에 그것이 들끓어져 일어나는 순간에 진단하는 것이 쉽다. 병이 발병하기 전에는 반드시 전조증상이 나타난다. 폭풍이 오기 전에도 항상 그 조짐이 있듯이, 우리 마음을 뒤흔드는 화와 사랑, 그 밖에 모든 돌풍과도 같은 격정들이 찾아올 때는 그것을 미리 알리는 전조증상이 반드시 있다.

만성적인 간질 발작으로 고통 받는 사람은 사지에서 온기가 빠져나가면서 온몸이 뻣뻣해지고 현기증으로 눈앞이 빙빙 돌고 근육이 부들부들 떨리고 기억이 아득해지고 목이 흔들리면 곧 발작이 시작될 것임을 안다. 그러면 그들은 평소 해왔던 대로 간질 발작에 대비한다. 그들은 의식을 잃는 것을 막아줄 향을 사용하거나 무엇인가를 먹기도 하고 차갑게 굳어오는 사지를 뜨거운 찜질로 풀기도 한다. 이런 치료로도 효과를 보지 못하면 그들은 일단 사람이 많은 곳을 피해서 아무도 보지 않는 곳에서 혼자 그 발작을 견딘다.

이처럼 자신의 질병이 퍼지기 전에 미리 알고 그 경중을 가늠해보는 것도 도움이 된다. 우리는 무엇이 자신을 가장 초조하게 하고 성나게 만드는지를 알고 있어야 한다. 모욕적인 말에 흥분하는 사람이 있고 모욕적인 행동을 도저히 못 참는 사람들도 있다. 어떤 사람은 자신의 높은 지위가 그에 합당한 존경을 받느냐에 민감하고, 어떤 사람은 자신의 빼어난 외모가 인정받느냐에 신경을 곤두세운다. 남들이 자신을 교양 있는 신사로 생각해주기를 바라는 사람이 있고, 학식이 뛰어난 사람으로 평가받고자 하는 사람이 있다. 어떤 사람은 오만을 못 참고, 어떤 사람은 남이 자기에게 반항하는 것을 못 참는다. 저 사람은 노예들에겐 화를 낼 가치가 없다고 생각하고, 이 사람은 집에서는 사나운 야수지만 밖에 나가면 순한 양이다. 누군가는 남에게 선처를 부탁받으면 부당한 일을 당한 것처럼 생각하는 반면, 자신에게 선처를 호소하지 않는 것을 오히려 기분 나쁘게 여기는 사람도 있다. 누구나 똑같은 것에 충격을 느끼는 것은 아니기에, 자신의 약점이 어디인지 알고 있어야 그곳을 특별히 보호할 수가 있다.

11 모든 것을 보고 듣는 것이 좋은 것은 아니다. 설혹 자신이 좀 손해를 본 것처럼 느껴져도 그냥 흘러가게 내버려두자. 대부분을 인지하지 못하고 지나간다면 그만큼 고통도 없다. 화를 잘 내는 사람이 되는 게 싫은가? 그렇다면 매사에 시시콜콜 파고들지 말라. 사람들이 자기에 대해 뭐라고들 하는지, 어떤 고약한 소문이 떠도는지, 게다가 비밀스럽게 묻어둔 것까지 굳이 들춰내는 사람은 자기 감정을 선동하는 것이다. 어떤 상황이든 해석하기에 따라 부당한 피해처럼 보일 수 있다. 가장 좋은 방법은 더러는 그냥 무시하고 더러는 웃어넘기고, 그래도 남는 것들에 대해서는 용서하는 것이다.

화에는 다양한 방법으로 대비책을 세워야 한다. 대부분의 것들을 그냥 농담으로 듣고 넘겨야 한다. 소크라테스가 주먹으로 머리를 한 대 얻어맞았을 때(들리는 말에 의하면 그렇다.) 그는 아무런 대응도 하지 않고 다만 이렇게 말했다고 한다.

"사람이 언제 투구를 쓰고 집을 나서야 할지 알 수가 없으니 참 딱한 노릇이군."

중요한 것은 어떻게 해서 부당한 피해를 입었느냐가 아니라, 어떻게 그것을 참아냈느냐 하는 것이다. 나는 자제하는 것이 왜 힘든지 알 수가 없다. 심지어 폭군들조차 ― 타고난 성정과 무관하게 엄청난 운으로 한껏 부풀어 무엇이든 제 마음대로 하는 ― 자신의 야만성을 억누를 때가 있다는 것을 우리는 알지 않는가.

실제로 역사책에 기록되어 있는 이야기인데, 아테네의 폭군 피시스트라투스가 만찬을 베푼 자리에서 한 벗이 만취하여 그의 잔학성에 대해 한참을 따지고 들었다. 여기저기서 그를 손봐줘야 한다는 의견이 들끓었는데도 피시스트라투스는 조용히 참으면서, 그의 화에 불을 붙이려는 사람들을 향해 자기는 앞을 못 보는 자가 자기에게 부딪혔다고 화를 낼 사람은 아니라고 말했다고 한다.

화에 대한 최고의 치유책은 유예와 숨김이다

<u>12</u>　　많은 사람들이 근거도 없는 의심으로, 혹은 사소한 일을 크게 부풀리면서 스스로 불만거리를 생산해낸다. 화는 종종 우리를 찾아오지만, 사실은 우리가 제 발로 그것을 찾아가는 때가 더 많다. 우리가 스스로 화를 불러들이는 일은 절대 없어야 한다. 설사 그것이 우리 앞을 가로막더라도 물리쳐야 한다.

　아무도 자신에게 이렇게 말하지는 않는다.

　"지금 나를 화나게 하는 이 일은 나 자신이 했거나 아니면 적어도 내가 했을 수도 있는 일이다."

　누군가 어떤 행위를 했을 때 그가 왜 그런 행위를 했느냐가 아니라 모두들 행위 그 자체만을 문제 삼는다. 우리는 행위자의 의도를 자세히 들여다보아야 한다. 그가 자발적으로 그 일을 했는가 아니면 실수로 일어난 일인가? 강압에 의한 어쩔 수 없는 행동이었나 아니면 속아서 한 일인가? 증오심에서 그런 짓을 했는가 혹은 보상을 노렸는가? 자기 만족을 위해 벌인 일인가 아니면 누군가에게 청탁을 받은 일인가? 그런 행동을 한 사람의 나이와 그 사람의 운도 고려해야 할 사항이다. 그 일을 용서하는 것이 친절함의 발로일 수도 있고 혹은 편의주의일 수도 있다.

우리가 화를 내고 있는 상대의 입장에 서보자. 그러면 우리가 화가 나는 것은 우리 자신에 대한 잘못된 평가 때문임을 알 수 있다. 그리고 우리는 자기도 얼마든지 저질렀을 수 있는 일을 자기가 당하는 것은 원치 않는다는 것을 알게 된다.

아무도 자신에게 이렇게 말하지 않는다.

"잠깐만 기다려봐."

화에 대한 최고의 치유책은 유예다. 잠시 기다리는 동안 처음에 끓어오르던 기세는 누그러지고 마음을 뒤덮었던 어둠은 걷히거나 최소한 더 짙어지지 않게 된다. 하루 아니, 한 시간도 안 되어 너를 앞뒤 가리지 않고 뛰어들게 만든 것들이 어느 정도 진정될 것이고 어떤 것들은 완전히 사라질 것이다. 설사 화를 유예시킴으로써 네가 얻는 것이 아무것도 없을지라도 적어도 그것은 이제 화의 모양새가 아니라 심판의 형태를 취할 수 있게 된다. 네가 어떤 일의 성격을 알고자 할 때는 언제나 그 일에 시간을 주어라. 일렁이는 물결 위에서는 아무것도 정확히 판단할 수가 없다.

플라톤이 노예에게 화가 났을 때 그는 잠시도 지체하지 않고 노예에게 윗옷을 벗고 돌아서라고 명했다. 자기 손으로 직접 채찍질을 할 생각이었다. 하지만 손을 위로 치켜든 순간, 그는 자신이 화를 내고 있다는 사실을 깨달았고 팔을 공중에 쳐든 채로

…
플라톤. 고대 그리스의 철학자이자 객관적 관념론의 창시자. 아테네의 부유한 상류층 집안의 막내아들로 태어났으며, 소크라테스의 제자다. 플라톤이 소크라테스를 따르기 시작한 것은 20대부터였으며, 소크라테스와의 교분이 그의 삶과 지적 발전에 끼친 영향은 실로 거대하다.

한동안 어정쩡하게 서 있었다. 그때 한 친구가 우연히 그 광경을 보고 뭐하는 거냐고 물었다. 플라톤은 이렇게 대답했다.

"화를 내고 있는 한 사내를 벌주고 있는 거라네."

마치 사지가 마비된 사람처럼 플라톤은 야만적인 행동을 하기 직전의 그 자세를 그대로 유지했다. 현자에게는 참으로 어울리지 않는 기괴한 자세였다. 그 순간 그는 노예에 관해서는 완전히 잊어버렸다. 그보다 더 벌을 받아 마땅한 사람이 있었기 때문이었다. 그는 식솔들을 다스릴 권한을 스스로 박탈했다. 자신의 이런 잘못된 행동으로 전에 없이 마음이 몹시 언짢아진 플라톤은 이렇게 말했다.

"스페우시포스, 나는 화가 났으니 자네가 저 쓸모없는 녀석을 매로 다스려주게."

그렇게 함으로써 플라톤은 다른 이가 잘못을 저질렀다는 이유로 자기 또한 잘못을 저지르는 것을 피할 수 있었다. 그는 말했다.

"나는 화가 났다. 그러니 필요 이상 심하게, 즐거이 남을 벌주고자 할 것이다. 자기 자신조차 다스리지 못하는 사람에게 노예를 다스리게 해서는 안 된다."

플라톤조차 스스로의 권한을 내려놓았을진대, 누가 화난 사람에게 복수를 맡기고 싶어 하겠는가? 네가 화가 났다면 그동안은 네 자신에게 아무것도 허락해서는 안 된다. 왜 그런가? 화가 났을 때 너는 네 자신에게 모든 것이 허락되길 원할 것이기 때문이다.

13 자신과 싸워라. 만일 너에게 화를 극복할 의지가 있다면, 화는 너를 정복하지 못할 것이다. 네가 화를 감추고 출구를 내어주지 않는 한, 화는 서서히 정복되기 시작할 것이다. 너는 화의 신호를 가능한 한 내색하지 않고 속에 묻어두고 감추어야 한다.

이렇게 하자면 꽤나 고통스러울 것이다. (왜냐하면 화는 어떻게든 뛰쳐나오고 싶어 하고 눈을 활활 타오르게 만들고 표정을 바꿔 놓기 때문이다.) 하지만 일단 화가 밖으로 표출되는 것을 허락하면 그다음부터는 그것이 우리의 주인이 된다. 우리는 그것을 가슴 가장 깊숙한 곳에 꼭꼭 숨겨두지 않으면 안 된다. 우리는 그것을 가슴에 담고 견뎌야 하고 휩쓸려 가서는 안 된다. 뿐만 아니라 우리는 화의 모든 증상들을 정반대로 돌려놓아야 한다. 표정은 최대한 부드럽게 하고 목소리는 온화하게 하며, 걸음걸이를 늦추면서 화의 신호들을 누그러뜨려야 한다. 그러다 보면 점차 우리의 내면이 겉모습에 순응해가면서 편안해질 것이다.

　소크라테스의 경우에는 화가 나면 목소리가 낮아지고 말수가 적어졌다고 한다. 그것은 그가 자신과 싸우고 있다는 명백한 신호였다. 그를 파악한 친구들이 화를 숨기는 데 대해 그를 책망하곤 했지만 그는 그들의 책망을 섭섭해하지 않았다. 많은 이들이 그가 화가 났다는 사실은 알아도 그것을 느끼지는 못하니, 이 아니 기뻐할 일인가. 만일 그가 자신을 책망(이는 소크라테스가 그 친구들에게도 당연히 해주는 역할이었다.)하는 친구들의 권리를 인정하지 않았더라면 그들은 틀림없이 소크라테스의 화를 느꼈을 것이다.

　우리도 의당 이렇게 해야 하지 않겠는가? 가까운 친구들에게 우리를 솔직하게 비판해 달라고, 특히 우리가 친구들의 솔직함을 참지 못하는 그 순간에 더더욱 비판의 자유를 최대한 누려 달라고, 우리의 화에 동조하지 말라고 부탁해야 한다. 우리가 아직 제정신이고 감정을 억제하고 있는 동안에 우리는 자기 좋을 대로 하려는 이 강력한 악덕에 맞설 수 있도록 조력을 요청해야 한다.

자신이 술을 이기지 못하고 만취해서 꼴사나운 주정을 부리지 않을까 두려워하는 사람은 자기를 술자리에서 데리고 나와 달라고 친구들에게 부탁한다. 병중에 자제심을 잃어버리는 것을 경험했던 사람은 자신이 상태가 안 좋을 때 하는 말은 들어주지 말라고 사람들에게 당부한다.

가장 좋은 방법은 자신의 악덕을 가로막을 장애물을 찾아보는 것, 그리고 무엇보다 우리 마음을 늘 차분한 상태로 유지하여 갑자기 마음이 동요하는 심각한 사태에 부딪히더라도 화를 느끼지 않도록 하는 것이다. 혹은 예상보다 큰 화가 나려 할 때 그 화를 가슴 깊이 넣어두고 고통을 내색하지 않는 것이다.

이것이 이루어질 수 있는 일이라는 것은 내가 방대한 일화들 중에서 골라본 몇 가지 사례들을 보더라도 명백히 알 수 있다. 이 사례들을 통해 너는 두 가지 교훈을 얻을 수 있을 것이다. 하나는 화가 대단한 권력자를 손에 쥐고 그의 권력을 멋대로 이용할 때 그 해악이 얼마나 엄청난가 하는 것이다. 그리고 나머지 하나는 더 큰 두려움에 의해 화가 억제될 때 얼마나 스스로를 잘 다스릴 수 있느냐 하는 것이다.

극한의 상황에서도 화를 감춘 사람들

14 캄비세스 왕은 엄청난 애주가로 매일 술에 절어 살다시피 했다. 친한 친구 중 하나인 프렉사스페스가 그에게 술을 좀 줄이라고 충고하면서, 사람들의 이목이 있는데 왕이 술에 취한 모습을 보이는 건 부끄러운 일이라고 했다. 그러자 왕이 이렇게 대답했다.

"그렇다면 내가 술을 줄일 필요가 없다는 것을 자네가 확신할 수 있도록 내가 직접 보여주지. 술에 취해도 내 눈과 손이 직무를 충실히 이행할 수 있다는 걸 입증해 보이겠네."

그때부터 그는 큰 잔으로 평소보다 술을 더 많이 퍼마셨고 완전히 취기가 오르고 술 냄새가 진동할 때 그에게 충고를 한 친구인 프렉사스페스의 아들에게 왼손을 머리에 올리고 문턱 바깥에 서 있으라고 명했다. 그리고는 활시위를 당겨 젊은이의 심장을 꿰뚫었다. 가슴을 갈라서 심장에 박힌 화살을 보여주면서 그는 청년의 아버지에게 그 정도면 자기 손이 한 치의 흔들림도 없었던 거 아니냐고 물었다. 그 아버지는 아폴론의 화살도 그보다 정확하지는 않았을 거라고 대답했다.

신분이 높다뿐 정신은 노예보다 나을 게 없는 이 자를, 신들이여, 제발 파멸시켜주시길! 그 아버지는 구경꾼들도 차마 눈 뜨고 볼 수 없이 참혹한 행위에 대해 친구인 왕에게 찬사를 바쳤다. 아들의 가슴이 둘로 갈라지고 상처 입은 심장이 아직 펄떡거리고 있던 그 순간을 그는 아첨의 기회로 삼았다. 그는 활솜씨를 자랑하는 캄비세스 왕을 자극해 두 번째 시연을 요청해서 청년의 아버지인 자신을 죽이는 데는 그의 손이 더욱 흔들림 없었다는 것을 보여주는 기쁨을 누릴 수 있게 해주었어야 옳았다.

• • •

페르시아의 왕 캄비세스. 그는 위대한 왕이었던 아버지 키루스와 같은 좋은 평판을 듣지는 못했다. 그는 짧은 치세에도 불구하고 이집트 정복이라는 놀라운 승리를 남겼지만 여러 불미스러운 일들로 오점을 남기기도 했다. 그는 누비아 원정 실패 후 미쳤다는 소문이 돌았는가 하면, 아버지와는 다르게 이집트 점령 주민들에게 많은 잔혹한 짓을 저질렀다.

아, 잔혹한 왕이여, 그는 모든 백성들이 겨누는 화살을 온몸으로 받아 마땅한 자였다! 나는 끔찍한 보복으로 연회를 마감

제3권 189

한 데 대해 그 왕을 저주해왔지만, 그럼에도 그 젊은이의 심장을 향해 날아간 화살 자체보다 더 혐오스러운 것은 그 화살에 대한 찬양이었다. 그럴 때 아들의 시신을 내려다보면서, 자신이 유발했고 동시에 목격자가 되었던 살육에 대해 아버지가 어떻게 처신해야 했는지에 대해서는 나중에 다시 생각해보기로 하자. 우리가 논의하고 있던 문제에 대해서 말하자면, 이것을 통해 어떤 상황에서든 화는 억제될 수 있다는 것은 명백해졌다.

청년의 아버지는 왕을 저주하지 않았다. 그의 가슴 역시 아들의 가슴처럼 둘로 찢어졌지만 그는 자신이 당한 큰 불행에 대해 한마디 한탄의 말조차 없었다. 혹자는 그가 말을 삼킨 것은 잘한 일이었다고 말할 것이다. 설사 그가 화를 참지 못하고 뭐라고 말을 했다고 한들 아버지로서 할 수 있는 일은 아무것도 없었을 테니까.

피를 마시는 것보다는 차라리 술을 마시는 편이 더 나은 왕에게 술을 절제하라고 충고한 것보다는 그나마 자신의 불행을 참고 견딘 것이 더 현명한 행동이었던 것처럼 보일 수도 있다. (나는 이 점을 강조하고 싶다.) 술을 마시느라 그의 손이 바쁠 때가 그래도 태평성대였으니까. 그리고 프렉사스페스 이야기는 왕의 친구로서 좋은 충고를 하려면 얼마나 큰 대가를 치러야 하는지를 보여준 수많은 사례들 중 하나가 되었다.

15

하르파구스 역시 페르시아의 왕에게 그런 충고를 했던 사람이었다. 충고에 기분이 언짢아진 왕은 하르파구스의 아이들로 요리를 만들어 저녁 만찬에 내어놓게 하고는 음식 맛이 어떠냐고 그에게 물었다. 비탄에 잠겨 앉아 있는 하르파구스의 모습을 보고 왕은 이번에는 아이들의 머리를 그의 앞에 갖다 놓게 하고 자신의 손님 대접이 어떠냐고 물었다. 그 가련한 사내는 당황해서 할 말을 잊거나 입을 다물고 있지는 않았다.

"폐하의 궁전에서 열리는 연회인데 어떤 음식인들 맛이 없겠습니까?"

이 아첨의 말로 그가 무엇을 얻었을까? 그는 남은 음식을 먹는 것을 면할 수 있었다.

나는 그 아버지가 왕의 행동을 비난했어야 한다고 말하지는 않겠다. 그렇게 야만적인 왕에게는 어떻게든 적절한 응징을 했어야 한다고 말하지도 않겠다. 다만 지금 우리가 하고 있는 이야기에 적절한 결론은, 그런 사악한 행동이 불러일으키는 분노조차 가슴속에 감출 수 있고 속마음과는 전혀 다른 말을 할 수가 있다는 것이다.

그런 식으로 고통을 속으로 삭이는 것도 필요하며, 적어도 인생에서 운명의 주사위가 그렇게 던져져 왕의 식탁으로 불려가게 된 사람들에게는 더욱더 그렇다. 그것이 바로 왕 앞에서 먹고 마시고 대답하는 방식인 것이다.

"네 가족이 죽어가는 동안에도 미소를 지어라."

이것이 법칙이다. 인생이라는 게 그만한 대가를 치르고라도 살 가치가 있는 것이냐에 대해서는 차후에 다시 생각해보기로 하자. 그건 또 다른 문제니까. 나는 쇠사슬에 한데 묶인 죄수들의 삶과도 같은 이런 가혹한 삶을 마치 그렇지 않은 것처럼 꾸며댈 생각은 없다. 살육자의 명령을 묵묵히 감내하라고 설득하지도 않겠다. 다만 어떤 종류의 예속 상대에서도 자유를 향한 길은 열려 있다는 것을 보여주고 싶다. 자신의 비참한 삶에 종언을 고할 자유가 있는 사람은 어떤 것으로도 비참하게 만들 수 없다. 그를 비참하게 만드는 것은 오직 자신의 허물과 허약한 마음뿐이다.

아들의 가슴에 화살을 날린 왕에게 동조했던 자와 자기 아들의 살로 만든 요리를 내온 왕을 섬겼던 자에게 나는 말한다.

"왜 신음하는가? 무엇을 기다리는가? 이국의 적이 그대의 나라를 파멸시켜 그대 대신 복수를 해주고, 그 위세 좋던 왕이 먼 곳에서부터 도와 달라고 그대를 찾아오기를 기다리는가? 그대의 불행을 끝낼 방법은 어디든 있다. 저 절벽이 보이는가? 그 아래가 자유에 이르는 길이다. 저 바다가, 저 강물이, 저 우물이 보이는가? 자유가 그 밑바닥에 있다. 저기 자라다 만 것처럼 뭉툭하고 쭈글쭈글 메마른 나무를 보라. 자유가 거기 매달려 있다. 그대의 목, 목구멍, 심장이 보이는가? 그것들이 그대를 예속으로부터 벗어나게 해줄 것이다. 내가 보여주는 탈출구가 너무 고통스러운가? 약한 마음으로는 결코 해내지 못할 일인가? 어떤 길이 자유에 이르는 길이냐고 그대는 내게 묻는가? 그대 몸의 어떤 혈관이든 끊으면 된다."

화를 권력인 양 행사하는 사람들

<u>16</u>　　우리가 삶을 등지게 할 만큼 견디기 힘든 것은 세상에 없다고 생각한다면, 우리가 현재 어떤 상황에 놓여 있든, 화에서 벗어나야 한다. 화는 누군가를 섬기는 입장일 경우 특히 위험하다. 화는 자학의 형태를 취하며, 우리가 명령에 반항하는 마음을 가지면 가질수록 그 명령이 더 견딜 수 없게 느껴진다. 잡혀온 야생동물이 날뛰면 날뛸수록 올가미만 바짝 조여질 뿐이다. 새들도 깃털에 묻은 끈끈이를 털어내려고 몸부림을 치다가 결국 온몸이 끈끈이로 칠갑하게 된다. 완강하게 반항할 때보다 유순하게 순종할 때 멍에가 주는 고통이 한결 줄어든다. 엄청난 재앙을 조금이나마 가볍게 만들어주는 것

은 그것을 견디는 것이다.

지배를 받는 자들은 자신의 격정을, 그 중에서도 특히 거칠고 난폭한 격정인 화를 통제하는 것이 유익하지만 왕의 경우엔 더욱더 그러하다. 화가 충동질하는 모든 것을 운명이 허락할 때는 전부를 잃을 것이며, 수많은 사람들을 비탄으로 몰아넣는 권력은 오래갈 수 없다. 홀로 비통해하던 자들이 공통의 두려움으로 뭉치면 그 권력은 위험에 처하게 된다. 그래서 많은 왕들이 더러는 한 개인의 손에, 더러는 집단적 행동에 의해 ― 모두가 공유한 고통이 분노를 하나로 모으도록 그들을 이끌었기 때문이다 ― 죽음을 당했다.

그럼에도 많은 왕들이 자신의 화를 마치 제왕의 표상인 것처럼 사용했다. 다레이오스 왕을 예로 들어보자. 그는 마고스(페르시아의 조로아스터교 사제)에게서 권력을 탈취한 후, 페르시아와 오리엔트의 광활한 영토를 통치한 최초의 지배자가 되었다. 그는 동쪽 국경을 에워싸고 있는 스키타이족에게 선전포고를 했다. 이때 오이오바조스라는 나이 많은 귀족이 그에게 청하기를, 자신의 아들 셋이 모두 전쟁에 나가게 되었는데 한 명이라도 늙은 아비 곁에 머물 수 있게 해달라고 했다. 다레이오스는 흔쾌히 세 명을 모두 돌려보내 주겠다고 말했다. 그리고는 아닌 게 아니라 정말로 그들을 집으로 보내주었는데 셋 다 목이

...
다레이오스 왕의 아들인 크세르크세스는 병력을 이끌고 그리스를 침공하여 페르시아 전쟁을 일으켰다. 이 책에 실린 이야기는 헤로도토스에게서 나온 것이다.

잘린 채 그 아버지의 눈앞에 던져졌다. 다레이오스는 아들 셋을 모두 자기가 전쟁에 데리고 나가는 것은 잔인한 짓일 것 같아 그렇게 했다고 말했다.

그에 비하면 크세르크세스는 얼마나 친절한 편인지! 다섯 명의 아들을 둔 피티우스가 한 명만 군역을 면제받게 해달라고 청하자 크세르크세스는 한 명의 아들을 고르라고 하고는, 그를 두 쪽으로 찢어서 길 양쪽에 매달아 놓고 군을 정화하는 희생양으로 삼았다. 그 전쟁의 결과는 당연한 것이었다. 그는 대패했고 그의 병사들은 멀리까지 뿔뿔이 흩어졌으며, 그는 사방에 널브러진 수많은 병사들의 시신들 사이로 터덕터덕 걸어가야 했다.

17 학식도 없고 문예적 교양과도 거리가 멀었던 야만족 왕들은 격노 속에서 그와 같은 잔혹성을 드러냈다. 이번에는 아리스토텔레스가 총애하는 제자였던 알렉산드로스 왕의 이야기를 예로 들어보자. 그는 어릴 적부터 가장 친한 친구였던 클레이토스를 연회 도중에 제 손으로 찔러 죽였는데, 그 이유가 클레이토스가 비위를 맞추는 데 서툴고 마케도니아의 자유인에서 페르시아의 노예가 되는 데 혐오감을 드러냈기

■ ■ ■

아리스토텔레스와 젊은 알렉산드로스. 세네카는 아리스토텔레스의 화에 관한 견해에 문제가 있다는 것을 그 제자인 알렉산드로스 왕의 행동을 통해 보여주고자 한다. 알렉산드로스는 B. C. 334년 그라니쿠스 전투에서 자신의 목숨을 구해준 클레이토스가 불충하다는 것에 격분해서 술김에 연회 도중 그를 살해했다.

때문이었다.

또한 그는 역시 절친한 벗이었던 리시마코스를 사자에게 던졌는데, 그가 운이 좋았는지 사자의 이빨에 희생되는 것은 용케 면했다. 그렇다면 리시마코스는 자신이 왕이 되고 난 후에 이 경험을 거울삼아 온화한 왕이 되었을까? 전혀 그렇지 않았다.

리시마코스는 자신의 벗인 로도스 출신인 텔레스포루스의 사지 말단 부분을 자르고 귀와 코를 모두 베어서 마치 신기한 동물처럼 우리에 오랫동안 가두어놓았다. 텔레스포루스의 흉측한 모습은 이미 인간의 그것이 아니었다. 거기에다가 가혹한 굶주림, 자신의 배설물 속에 방치된 데서 오는 불결함까지 더해져 차마 눈 뜨고 볼 수가 없는 모습이었다.

그뿐이 아니었다. 우리 안이 좁아서 몸을 펼 수 없었으므로 그의 팔꿈치와 무릎은 굳은살로 뒤덮였고 옆구리와 등은 하도

리시마코스는 알렉산드로스 사후 40년간 트라키아를 통치했다. 자신의 아내를 모욕했다 하여 그가 텔레스포루스에게 가한 형벌은 플루타르코스의 『도덕론집』과 아테나이우스의 글에도 드러나 있다.

긁어서 상처와 고름으로 뒤범벅이 되었다. 그의 모습은 혐오스러운 정도가 아니라 무서울 지경이었다. 벌을 받아 괴물의 모습이 된 그에게는 동정조차 허락되지 않았다. 하지만 그는 벌을 받아 인간의 모습을 완전히 잃어버렸지만, 그에게 이런 짓을 한 사람이 오히려 더 흉악한 괴물이 아닐까.

18 이러한 잔혹함이 단지 외국의 사례에 지나지 않는다면 얼마나 좋겠는가. 야만적인 분노와 가혹한 고문이 다른 악덕들과 더불어 로마에 들어오지 않았다면 얼마나 좋았겠는가. 국민들이 거리 곳곳에 조각상을 세우고 포도주와 향을 바치며 경배한 마르쿠스 마리우스에 대해서 술라는 두 다리를 부러뜨리고 눈알을 도려내고 혀와 손을 잘라버리라고 명령했다. 그것도 하나씩 하나씩 시간을 두고 차례로 잘라내서 그때마다 그가 죽음을 느끼게 했다.

이 명령을 실행한 자는 누구였을까? 이미 모든 종류의 범죄에 손을 담근 카틸리나가 아니면 누구겠는가. 그는 퀸투스 카툴루스의 무덤 앞에서 마리우스를 무참히 살육하고 누구보다 온화했던 카툴루스에게, 정치에서는 나쁜 본보기를 보여주었지만 사람들로부터 가당치 않게 넘치는 사랑을 받아온 그 영웅의 유골 위에 피를 뚝뚝 흘리게 함으로써 죽은 자에게도 악행

...

카틸리나는 로마 공화정 말기의 정치가였다. 원로원에 맞서서 로마 공화정을 전복하려 시도한 〈카틸리나의 음모〉로 유명하다. 그림은 원로원 회의에서 키케로가 카틸리나(맨 오른쪽)를 탄핵하는 모습을 그린 19세기 상상도다.

을 저질렀다. 마리우스는 그런 고통을 당할 만했고 술라는 그런 명령을 내릴 만했으며 카틸리나는 그런 일을 할 만했지만, 로마라는 공동체는 적이든 방어자든 그들이 휘두른 칼날에 찔려서는 안 되었다.

왜 고대의 역사를 들춰 사례들을 찾아내고 있는가. 불과 얼마 전에도 가이우스 카이사르(칼리굴라)는, 전 집정관의 아들인 섹스투스 파피니우스와 자신의 지정 대리인의 아들이자 자신의 재무관인 베틸리에누스 바수스를, 그리고 그 밖에 원로원 의원들과 기사들을 하루 동안 매질하고 고문했다. 그들의 잘못을 심문하기 위해서가 아니라 단지 자신이 그러고 싶다는 것이 그 이유였다.

게다가 그는 자신의 쾌락이 너무나 대단해서 그것이 잠시라도 유예되는 것을 참지 못했다. 그는 강둑과 주랑(기둥으로 받쳐진 지붕이 있는 현관) 사이에 펼쳐져 있는 자기 어머니 저택의 정원 산책로를 원로원 의원들과 귀부인들과 함께 거닐다가 등불 아래서 내가 방금 전에 언급한 사람들 중 몇몇을 참수했다. 대체 무엇이 그리 급했을까? 하룻밤 사이에 나라나 개인에게 무슨 위험이 닥쳐온다는 말인가? 대체 원로원 의원들이 슬리퍼를 신은 채로 죽음을 맞이하지는 않도록 새벽이 되기를 기다리는 일이 그렇게도 큰일이었을까?

19 가이우스 카이사르의 잔인함이 얼마나 오만한 것이었는지를 아는 것도 우리가 지금 논의하는 문제와 관련이 있지만, 혹자는 내가 주제에서 벗어나 여담을 하고 있다고 생각할 수도 있을 것이다. 그러나 바로 그의 이런 성격은 화의 잔학함이 극에 달했을 때 나타나는 전형적인 특성일 것이다. 그는 원로원 의원들에게 채찍질을 했다. "이 정도야 늘 있

는 일이지."라고 말할 수 있었던 것은 그가 이전에도 그런 행동을 했기 때문이었다. 그는 세상 사람들이 알고 있는 온갖 끔찍한 도구들을 동원해 그들을 고문했다. 불에 달군 쇠꼬챙이로, 발목에 족쇄를 묶어 거꾸로 매달아서, 고문대로, 불로, 그리고 그 자신의 얼굴로.

어떤 이는 이렇게 말할 것이다.

"겨우 그 정도를 가지고, 뭐! 그는 세 명의 원로원 의원들을 마치 쓸모없는 노예들을 다루듯 채찍과 불을 번갈아 써가며 다스렸던 사람입니다. 원로원 전체를 학살할 생각도 했었고, 로마 시민의 목이 단 하나뿐이어서 지금처럼 드넓은 장소와 긴 시간에 걸쳐 벌이는 자신의 잔혹행위를 하루 만에 일거에 끝낼 수 있었으면 좋겠다고 생각했던 사람이라고요."

야밤을 틈타서 집행되는 처형만큼 전대미문의 소행이 또 어디 있는가.[5] 강도질은 대개 야밤에 몰래 이루어지지만, 흉악한 범죄일수록 징벌은 만인이 보는 앞에서 행해져야 본보기로서의 효과가 큰 법이다.

그러면 누군가는 내게 이렇게 말할 것이다.

---

5 대개의 처형은 억지력을 극대화하기 위해 나팔을 불어 군중을 불러 모은 상태에서 공개적으로 엄숙하게 집행되었다.

"당신으로서는 흥분할 만한 일일지 모르지만 그 짐승 같은 인간에겐 그런 짓이 일상인걸요. 그는 그런 행동을 하기 위해 살고, 그런 행동을 하기 위해 불침번을 세우고, 그런 행동을 하기 위해 심야에 등불을 밝힙니다."

동감이다. 처형당하는 자들의 입을 헝겊으로 틀어막아서 어떤 소리도 내지 못하도록 한 후에 형을 집행하라고 명령하는 자를 또 찾을 수 있을까? 죽음의 목전에 서 있는 자에게 신음할 권리조차 허락하지 않은 자가 또 있겠는가? 그는 그들이 마지막 고통 속에서 범상치 않게 대담한 말을 내뱉는 것이, 그래서 자신이 듣고 싶지 않은 말을 듣게 되는 것이 두려웠던 것이다. 그는 죽음을 목전에 두지 않고서는 아무도 감히 그에게 하지 못할 비난의 말들이 수없이 많다는 것을 알고 있었다.

그는 헝겊이 없을 때는 이 가련한 자들의 옷을 찢어서 넝마를 입에 밀어 넣으라고 명령했다. 이 얼마나 잔학한 행동인가? 마지막 가련한 호흡은 허락해주고 영혼이 육신을 떠날 수 있는 길을 열어주어, 오직 벌어진 상처를 통해서 빠져나가게 하지는 말아야 할 것 아닌가?

덧붙이자면 그는 바로 그날 밤에 백인대장을 그들의 집으로 파견해 자신이 살해한 자들의 아비를 죽임으로써 그들을 비탄으로부터 해방시켜 주었다. 그러나 여기서 나의 목적은 가이우스의 잔학성을 설명하는 것이 아니라, 화의 잔학성을 설명하는 것이다. 그것은 한 번에 한 사람에게만 향하는 것이 아니라, 고통을 느끼지도 못하는 도시와 강과 생명 없는 것들에게까지 채찍질을 하면서 나라 전체를 갈라놓는다.

20   페르시아의 왕은 시리아에서 온 사람들의 코를 잘라 버렸고, 그래서 그 마을에는 몽당코 마을이라는 이름이 붙었다.[6] 그나마 목을 자르지 않아 목숨은 살려준 걸 고맙다고 할 건가? 천만에. 그는 신종 징벌에서 쾌락을 느꼈을 뿐이다.

수명이 끝도 없이 이어져서 장수족이라 불리었던 에티오피아인들도 이와 비슷한 운명을 겪었다. 캄비세스는 이들이 두 손바닥을 위로 오게 하는 찬양과 감사의 표시로써 예속을 환영하지 않고 그가 보낸 사절들에게 모욕적이라고 할 만한 솔직한 반응을 보인 데 대해 몹시 화가 났다. 그래서 캄비세스는 군량이 충분한지도 확인하지 않고, 어느 길로 군대를 이끌고 갈 것

■

6 캄비세스 왕은 이런 종류의 잔혹함을 누구보다 즐겼던 왕이었다. 그러나 〈몽당코 마을〉이라는 희한한 지명을 설명하기 위한 것으로 보이는 이 이야기에서 캄비세스의 이름은 직접적으로 언급되어 있지 않다.

인지도 미리 정찰하지 않은 채 대규모의 멀쩡한 병력을 길도 없는 황무지로 마구잡이로 이끌고 서둘러 원정에 나섰다. 행군을 시작하자마자 필요한 물자가 달렸고 사람이라곤 구경조차 할 수 없는 버려진 땅에서는 아무것도 조달할 수 없었다.

처음에는 병사들이 배가 고파서 나무 위쪽의 부드러운 새순을 따서 허기를 채웠고, 그다음엔 짐승의 가죽을 연기로 부드럽게 무두질해서 먹기도 하는 등 뭐든 닥치는 대로 먹었다. 그러다가 사막지대가 시작되면서부터는 온통 모래뿐이라 식물의 뿌리와 풀마저 구하기 어려웠고 불모지엔 동물도 살지 않았다. 결국에는 제비뽑기를 통해 열 명 중 하나 꼴로 굶주린 동료에게 인육으로 제공되었으며, 이는 굶주림보다 더 견디기 힘든 것이었다.

많은 병사들이 희생되었어도 캄비세스 왕은 여전히 화 때문에 앞뒤를 가리지 못하다가 이러다 자신마저 제비뽑기에 호출될지 모른다는 두려움이 엄습하자 그제야 퇴각 명령을 내렸다. 그의 병사들 사이에서 이번에는 누가 끔찍한 죽음을 맞이할 것이며 누구는 그보다 더 끔찍한 생존을 이어갈 것인지가 제비뽑기로 결정되는 그동안에도, 한쪽에서는 왕을 위해 가금류를 키우고 낙타는 연회에 쓰일 온갖 물자들을 실어 날랐다.

21 캄비세스 왕은 자신이 잘 알지도 못했고 화를 낼 가치도 없는 나라에 대해 분노했지만 어쨌거나 그들은 지각이 있는 인간이기는 했다. 그런데 키루스는 강에다가 화를 냈다. 그는 바빌론 정벌을 서두르면서—정벌은 기회를 잘 포착하는 것이 무엇보다 중요하다—긴데스 강의 폭이 넓고 얕은 곳을 택해 걸어서 강을 건널 생각이었다. 하지만 한여름의 열기로 강물이 최저로 줄어들 때조차 그건 안전한 방법이 못 되었다.

아니나 다를까, 왕의 전차를 끌던 백마들 중 하나가 강을 건너다가 강물에 휩쓸려 떠내려갔다. 키루스 왕은 이에 격분한 나머지 자신의 길벗을 앗아간 그 강물을 심지어 여자라도 무릎을 적시지 않고 걸어서 건널 수 있도록 만들고야 말겠다고 맹세했다.

그래서 그는 전쟁의 모든 물자와 장비를 투입해 그 목표에 매달렸고, 180개의 지류가 있던 강에 180개의 물길을 더 내서 도합 360개의 지류를 만들어 강물을 사방으로 분산시킴으로써 바싹 말라붙게 만들었다. 이렇게 쓸데없는 대공사에 시간과 병사들의 노동력을 허비하고, 적에게 포고했던 전쟁을 엉뚱하게 강을 상대로 치르는 동안 무방비 상태의 적을 공격할 기회는 이미 달아났다.

이 광기—이것을 달리 무어라 부르겠는가?—는 로마인에

게도 들이닥쳤다. 가이우스 카이사르는 헤르쿨라네움에 있는 가장 아름다운 별장에 자신의 어머니가 한때 감금된 적이 있다 하여 이곳을 헐어버렸고 이러한 행동으로 그 별장이 유명해졌다. 별장이 그 자리에 있을 때는 사람들이 배를 타고 지나가면서 바라보곤 했는데 이제는 그곳을 지날 때면 사람들이 그것이 파괴된 이유를 물어본다.[7]

화를 내지 않고 온화함으로 받아넘긴 사람들

22 지금까지의 일화들은 우리가 피해야 할 사례들로 받아들여야 한다. 다음은 이와 반대로 우리가 따라야 할 본보기들, 분노할 이유도 충분했고 복수를 할 권력도 있었던 사람들이 보여준 절제와 온유함의 사례들이다.

애꾸눈이었던 안티고노스 왕의 경우를 보자. 왕의 천막에 기대어 실컷 왕의 험담을 늘어놓고 있던— 무엇보다 위험하지만

---

7 가이우스 카이사르의 어머니 대大아그리피나는 29년에 캄파니아 해안에서 멀리 떨어진 판다테리아라는 외딴 섬으로 추방되어 굶어죽었다(33년). 나폴리만의 헤르쿨라네움 별장에는 아마도 처음에 감금되었던 것으로 보인다.

안티고노스 모노프탈모스(애꾸눈왕)는 알렉산드로스 휘하에서 프리기아를 다스렸으며, 알렉산드로스 사후에는 동방을 손에 넣기 위한 전쟁에 가담하였다.

더없이 신나는 일이기도 하기에 사람들이 포기하지 못하는 — 두 병사에 대해 처형을 명하는 것보다 쉬운 일이 어디 있겠는가. 그 병사들과 안티고노스 왕의 사이에 있던 것은 얇은 천막 하나뿐이었으므로 그는 모든 이야기를 다 들었다. 그는 가볍게 휘장을 걷으며 이렇게 말했다.

"조금 더 멀리 가서 얘기를 하지 그러나. 왕이 자네들 얘기를 듣지 못하게."

안티고노스와 관련된 사례가 하나 더 있다. 어느 날 밤에 병사들 몇몇이 자신들을 발이 푹푹 빠져 걷기도 힘든 진창 속으로 끌어들인 왕에 대해 온갖 저주의 말을 퍼붓고 있는 것을 그가 듣게 되었다. 하지만 그는 가장 악전고투하고 있는 병사들에게 다가가서 자신의 신분을 드러내지 않은 채 그들이 진창을 빠져나올 수 있도록 도와주었다. 그리고는 이렇게 말했다.

"자기 잘못으로 자네들을 이렇게 비참하게 만든 안티고노스에게는 욕을 해도 좋다. 하지만 자네들을 진창에서 구해준 사람에게는 행운을 빌어주게나."

안티고노스는 적군이나 적국의 백성들이 내뱉는 욕설 또한 온화한 마음으로 받아넘겼다. 그리스인들이 조그마한 요새에 포위되어 있으면서도 자신만만해하며 적을 무시하고 어떤 때는 안티고노스의 작은 키를, 어떤 때는 그의 납작한 코를 조롱하는 등 그의 추한 모습을 웃음거리로 삼자 그가 말했다.

"만일 실레누스[8]가 우리 진영에 있다면 그것은 우리로서는 더 없는 행운이니 이 전쟁을 승리로 이끌 수 있을 것이기에 나는 기쁘도다."

이렇게 입이 험한 그들이 결국은 굶주림에 못 이겨 항복을 하자 그는 포로들 중 병사로 쓸 만한 자들은 병영에 배속시키고 나머지는 노예로 팔았다. 그러면서 그는 말버릇이 나쁜 자들에게는 이를 다스릴 주인이 있어야 하기에 그렇게 처리하는 것이 좋겠다고 말했다.

---

8 디오니소스를 기른 양아버지로, 반인반수의 괴물이며 늘 술에 취해 사는 뚱뚱한 영감으로 그려진다. 안티고노스가 자신을 못생긴 실레누스에 비유한 말이다.

23 안티고노스의 손자가 알렉산드로스 왕이었는데[9] 그는 만찬에 함께한 벗에게 창을 던지곤 했다. 앞서 내가 언급했던 그의 벗은 광포한 사자에게 던져졌고, 또 한 친구는 알렉산드로스의 순간적인 화에 희생되고 말았다. 그나마 사자에게 던져졌던 그 친구는 용케도 목숨은 부지했다.

알렉산드로스는 그와 같은 악덕을 조부에게서 물려받은 것도 아니고 부친에게서 물려받지도 않았다. 왜냐하면 그의 부친인 필리포스에게 미덕이라고 할 만한 게 있다면 그것은 모욕을 참는 인내심이었고 그것은 왕권을 지키고 통치를 하는 데 유용한 수단이었다. 아무에게나 지나치다 싶게 대담한 독설을 날려〈막말의 대가〉라는 별명이 붙은 데모카레스가 다른 아테네인들과 함께 사절로 필리포스를 방문하게 되었다. 사절을 맞이한 필리포스가 친절하게 물었다.

"아테네 사람들을 기쁘게 하기 위해 내가 뭘 할 수 있는지 가르쳐 주십시오."

그 말에 데모카레스가 이렇게 대답했다.

"가서 목을 매시오."

---

9 알렉산드로스 왕의 조부는 마케도니아의 아민타스 3세였다. 안티고노스에게 알렉산드로스 왕의 아버지 필리포스와 이름이 같은 아들이 있었기 때문에 세네카가 혼동을 한 것으로 보인다.

필리포스는 아들이 세계 역사에 남을 권력을 손에 넣기에 앞서 마케도니아를 강국으로 만들었다. 필리포스의 인내심에 대해서는 수많은 일화들이 있다.

그런 무례한 말에 그곳에 모인 사람들이 모두 격분을 했지만 필리포스는 그들에게 조용히 하라고 명하고는 "저 위대한 테르시테스[10]를 무사히 돌려보내라."고 지시했다. 그리고 그는 이렇게 말했다.

"하지만 사절 여러분은 아테네로 돌아가셔서, 이런 무례한 말을 하는 사람들이 그 말을 듣고도 보복 없이 무사히 돌려보내준 사람들보다 훨씬 더 오만한 거라고 말씀해주십시오."

신성 아우구스투스 역시 그 언행이 화에 지배되지 않았음을 보여주는 기억할 만한 일화들을 많이 남겼다. 역사가 티마게네스는 아우구스투스 본인에 대해, 그의 아내, 그의 가족 전체에 대해 신랄한 말을 했고 그 말들은 쉬이 사라지지 않았다. 아니 오히려 그의 무분별한 독설은 사람들의 입에서 입으로 더 널리 퍼져나갔고 늘 그들의 입에 오르내렸다.

---

10 그리스 신화에 나오는 평민 출신의 병사로, 지독한 독설가로 유명하며 결국 독설로 인해 죽음을 맞이했다.

율리우스 카이사르는 종종 그에게 입조심을 하라고 경고했고 그의 언행이 달라지지 않자 궁정 출입을 금지시켰다. 훗날, 티마게네스는 가까운 벗인 아시니우스 폴리오의 집에서 노년을 보냈으며 온 국민들 사이에서 대단한 인기를 누렸다. 그는 그 집에서 가까운 궁정을 제외하고는 아무데고 못 가는 곳이 없었다.

티마게네스는 그 후 자신이 지은 역사서를 낭독했고 아우구스투스의 업적을 담은 글을 불에 던져 태우기도 했다. 그는 아우구스투스와 계속 반목했지만 아무도 티마게네스와 어울리는 것을 꺼려하지 않았고, 마치 번개를 맞은 사람을 보듯 그에게서 달아나지도 않았다.[11] 그가 높은 곳으로부터 대추락을 겪은 이후에도 그에게 의지가 되어준 사람도 있었다.

아우구스투스는, 앞서 말했듯이 이를 무던하게 참아주었고 티마게네스가 자신의 업적이나 명성을 폄하해도 개의치 않았다. 그는 티마게네스를 거두어주는 사람들에게도 결코 불편한 기색을 내비치지 않았다.

그는 다만 아시니우스 폴리오에게 이렇게 말했을 따름이었다.

■

11 벼락을 맞은 사람은 신들에게 봉헌되었으며, 보통의 인간들과 접촉할 수 없도록 번개를 맞은 그 자리에서 바로 매장되었다.

■ ■ ■

고대 로마제국의 초대 황제인 아우구스투스는 내정에 충실을 기함으로써 41년간의 통치 기간 중에 로마의 평화시대가 시작되었으며 베르길리우스, 호라티우스, 리비우스 등이 활약하는 라틴 문학의 황금시대를 탄생시켰다.

"자네는 야수를 기르고 있군."

폴리오가 뭔가 변명을 하려고 하자 그가 제지하며 이렇게 말했다.

"괜찮네, 폴리오. 즐겁게 지내게!"

폴리오가 "그리 명령하신다면 티마게네스를 제 집에서 쫓아내겠습니다."라고 말하자 아우구스투스는 이렇게 말했다.

"자네 둘이 다시 사이가 좋아졌는데 내가 그렇게 할 것 같은가?"

아우구스투스가 그렇게 말을 한 이유는 폴리오가 한때 티마게네스에게 화가 난 적이 있는데 더 이상 화를 내지 않게 된 이유가 있다면 오직 카이사르가 티마게네스에게 화를 내기 시작했기 때문이었다.

24 그러므로 누구든지 화가 나려고 할 때면 자신에게 이렇게 말해야 한다.

"나의 권세가 필리포스보다 더 막강한가? 그도 묵묵히 모욕을 참아냈고 보복하지 않았다. 온 세계를 다스렸던 신성 아우구스투스보다 내가 집에서 휘두르는 권력이 더 대단하단 말인가? 그조차도 자신을 모욕하는 자와 그저 일정한 거리를 두는 것으로 만족했다."

노예가 큰소리로 말대답을 하고 불만스러운 눈매로 쳐다보고 조그만 소리로 불렀을 때 바로 달려오지 않는다고 해서 내가 왜 그들을 채찍이나 족쇄로 다스려야 하는가? 내가 누구이기에, 내 귀를 좀 시끄럽게 하는 것이 죄란 말인가? 수많은 사람들이 이국의 적들도 용서했다. 좀 게으르고 조심성이 없고 수다스러운 사람들을 내가 왜 용서하지 못할까?

어린 아이는 나이 때문에 용서되어야 하고, 여성은 여성이어서 용서되어야 하며, 낯선 이는 그가 자유인이어서, 너의 식솔은 너와 가까운 사람이어서 용서해주어야 한다. 잘못을 저지른 것이 이번이 처음이다. 그렇다면 그가 네 마음에 들었던 세월을 생각하라. 저 친구는 전에도 몇 번이나 잘못을 했었다. 오래 참아왔는데 더는 못 참겠는가? 그는 친구다. 알고 그런 것이 아닐 것이다. 그는 적이다. 그에게서 뭘 기대하는가!

그가 평소 지각 있는 자라면 그를 믿어주고, 그가 평소 어리석은 자라면 그를 용서해주자. 그들이 잘못을 저지를 때마다 우리 자신에게 이렇게 말하자.

"가장 현명한 자라도 실수를 할 때가 있다. 아무리 완벽한 사람도 이따금 주의를 소홀히 할 때가 있고, 아무리 경험이 풍부한 사람도 갑자기 위엄을 잃고 과격하게 행동하는 수가 있으며, 남의 기분을 상하게 할까봐 늘 두려워하며 조심하는 사람도 어쩌다 실수로 남을 불쾌하게 할 때가 있다."

화가 당신을 버리는 것보다, 당신이 먼저 화를 버려라

25   가장 위대한 인물들의 운명도 불안하게 흔들리기는 마찬가지라는 사실은 고통을 겪고 있는 이름 없는 이들에게 위로가 된다. 궁정에서조차 슬픈 장례 행렬이 이어지는 것을 본 사람은 자신의 초라한 오두막에서 아들의 장례를 치를 때 그 애통함이 조금은 가라앉는다. 이와 마찬가지로, 부당한 일을 결코 당하지 않을 만큼 대단한 권력은 어디에도 존재하지 않는다는 것을 아는 자는 누군가 자신을 모욕하거나 해를 입혀도 침착하게 이를 견뎌낸다.

가장 신중한 사람조차 잘못된 행동을 할진대 잠시 잘못된 길로 빠진 데 대한 변명은 누구에게나 있지 않겠는가? 우리는 자신이 젊었을 때 의무를 소홀히 한 적이 얼마나 많았으며, 말을 조심하지 않은 적은 또 얼마나 많았고, 술에 대해 절제하지 못했던 적은 또 얼마인지를 돌이켜보아야 한다. 만일 누군가가 화를 내고 있다면 우리는 그에게 자신이 무슨 짓을 했는지를 분간할 여유를 주어야 한다. 그러면 그가 스스로를 책망할 것이다. 마지막으로 그가 가해자 측이 되게 하라. 네가 그의 행위에 필적하는 행위를 할 이유는 없다.

의심할 수 없는 사실이 한 가지 있다. 자신을 자극하고 화나게 하려는 자를 무시해버리는 사람은 누구든 군중으로부터 어느 정도 거리를 두고 당당하고 꿋꿋하게 견뎌낸다. 맞아도 타격을 받지 않는 것은 진정한 위대함의 특징이다. 이는 마치 몸집이 큰 맹수가 개 짖는 소리에 무심한 것과 같고, 바다의 커다란 바위가 높은 파도가 밀려와 부딪쳐도 끄떡없는 것과 같다.

성냄도 짜증도 없이 어떤 자극에도 흔들리지 않는 사람은 최고의 선을 자신의 한 팔에 포용한다. 그는 타인에게뿐 아니라 운명 자체에게도 이렇게 말할 수 있다.

"할 테면 해보라. 나의 평정심을 흐트러뜨리기에 그대는 너무 미약하다. 내 인생을 주도해온 이성이 이를 금한다. 내가 어떤 부당한 취급을 당해도 화의 해악이 그보다 더 클 것이다. 어찌 그렇지 않겠는가? 부당함은 그 한계가 분명하지만, 화가 나를 어디까지 끌고 갈지는 알 수 없기 때문이다."

26   반론: "저는 참을 수가 없습니다. 부당한 대우를 참아내기가 힘이 듭니다."

네가 하고 있는 말은 진실이 아니다. 부당한 대우를 못 견디면서 어찌 화를 참을 수 있겠는가? 그뿐이 아니다. 네가 지금 하려는 것은 부당함과 화를 동시에 참아내는 것이다. 몸이 아픈 사람이 짜증을 내고 광인이 욕설을 하고 아이가 장난을 치다가 휘두르는 주먹을 너는 왜 참아 넘기는가? 그야 당연히 그들이 자신의 행동을 의식하지 못하는 것처럼 보이기 때문이다. 의식하지 못한 채 잘못을 저지르는 사람과 그들이 무슨 차이가 있는가? 그럴 의도가 없었다는 것은 어떠한 상황에서도 통하는 변명이다.

너는 계속 반론을 제기한다. "그럼 의도가 없다면 벌을 받지도 않고 완전히 면죄라는 말인가요?"

아니, 설사 네가 그것을 원한다고 해도 그렇지가 않다. 악행에 대한 최고의 벌은 그것을 저질렀다는 것이다. 후회와 가책으로 괴로워하는 것보다 더 무거운 벌은 없다.

게다가 우리 앞에 놓인 모든 사안에 대해 공정한 판단을 하기 위해서는 인간이 타고난 기본적인 조건을 고려해야 한다. 모든 인간이 공유하는 악덕에 대해 어느 한 인간을 비난하는 것은 부당하다. 에티오피아인의 피부색은 그의 동료들과 함께 있으면 눈에 띄지 않으며, 게르마니아 사람들은 남자가 빨강머리를 묶고 다녀도 이상해 보이지 않는다. 한 개인의 어떤 특성이 그 집단의 공통 사항이라면 너는 그것을 유난스럽다거나 보기 싫다고 하지 않을 것이다. 내가 지금 말한 특성들, 한 지역에서 공통적으로 보이는 것, 세상의 한 귀퉁이에서 행해지고 있는 것들도 옹호할 수 있다. 그렇다면 모든 인간에게 고루 퍼져 있는 것에 대해 용서하는 것은 그 정당성이 얼마나 더 크겠는가?

우리는 누구나 사려 깊지 못하고 생각이 없다. 우리는 누구나 신뢰할 수 없고 불평꾼이고 욕심에 차 있다. 모든 인간은 사악하다. 왜 모든 인간이 공유하는 상처를 굳이 에두른 표현으로 감추려 하는가? 우리가 남들에게서 발견하고 책망하는 허물은 우리 각자의 가슴속에서도 찾을 수 있다. 너는 왜 저 사람의 창백함과 저 사람의 수척한 얼굴에 특별히 주목하는가? 그것은 유행병이다. 그러므로 우리는 서로에게 따뜻함을 보여야 한다. 우리는 악인이며, 악인들 사이에서 살고 있다. 우리에게 평화를 줄 수 있는 것이 하나 있다. 서로서로 사정을 살펴주고 상대에게 기회를 주는 것이다.

"저 사람은 제게 해를 입혔지만, 저는 저 자에게 아무 짓도 하지 않았습니다."

하지만 이미 너는 누군가 다른 사람에게 피해를 주었을 것이고 앞으로도 그럴 것이다. 지금 이 시간 혹은 오늘만을 셈에 넣지 마라. 너의 생각과 마음자리를 전체적으로 돌아보라. 설사 네가 지금까지 어떤 나쁜 짓도 하지 않았더라도 앞으로 얼마든지 그럴 가능성이 있다.

27 네가 부당하게 입은 피해를 치유하는 것이 그것에 대해 복수하는 것보다 얼마나 더 좋은 일인가! 복수는 많은 시간을 잡아먹는다. 네가 한 가지의 부당한 피해에 대해 괴로워하고 슬퍼하는 동안 너는 더 많은 잘못에 스스로를 내어준다. 우리는 누구나 상처받아 아파하는 시간보다 화를 내며 보내는 시간이 더 많다. 만약에 우리가 그 역방향을 취해서 하나의 잘못을 다른 잘못으로 더 악화시키지 않는다면 얼마나 좋겠는가? 노새의 엉덩이를 발로 차주거나 개를 무는 것이 제정신으로 보이지는 않을 것이다. 그렇지 않은가?

반론: "하지만 그런 동물들은 모르고 잘못을 저지르는 것이지 않습니까?"

우선, 인간이라는 것이 용서하는 데 걸림돌이 된다면 그보다 불공평한 일이 어디 있겠는가? 둘째, 생각 없는 동물의 행동이라서 너의 화를 피해간다면 사고력이 부족한 인간도 마찬가지여야 하는 것 아닌가? 만일 동물들에게 있어 면죄의 이유가 되는 특징—어둠에 갇힌 사고—이 그에게도 있다면, 그가 말 못하는 짐승들과 조금 다른 특성을 가졌다고 해서 무슨 차이가 있겠는가?

그는 잘못을 범했다. 그렇다. 이번이 처음인가? 마지막인가? 그가 "다시는 안 그러겠습니다."라고 말해도 그 말을 믿을 이유는 없다. 그는 여전히 잘못된 행동을 할 것이고 그에게도 또 누군가가 잘못을 저지를 것이며 그는 잘못의 수렁 속에서 평생을 보낼 것이다. 그러므로 친절하지 않은 사람에게도 친절을 베풀어야 한다.

누군가가 비통해할 때 사람들이 흔히 해주는 말은 화가 난 사람에게도 똑같이 효과적일 것이다. 너는 어느 시점에는 비통해하는 것을 그칠 것인가? 혹은 절대로 그치지 않을 것인가? 만약 어느 시점에선가 멈춰야 한다면 화가 너를 버리는 것보다 네가 먼저 그것을 버리는 편이 훨씬 낫지 않겠는가? 아니면 상한 마음을 영원히 품고 살려 하는가? 네가 스스로에게 얼마나 혼란스러운 삶을 선고하고 있는지 보이지 않는가? 만일 영원히 화가 풀리지 않는다면 그 삶이 어떻겠는가?

또한 네가 스스로를 계속해서 불쾌함 속에 몰아넣고 자꾸만 화를 자극할 이유를 찾으려 해도, 언젠가는 너의 화가 스스로 떠날 것이다. 시간이 흐르면서 그 힘이 점점 손가락 사이로 빠져나갈 것이기 때문이다. 화가 제풀에 지쳐 물러가는 것보다 네가 화를 극복하는 편이 얼마나 좋은가!

다른 사람이 나보다 많이 가졌다고, 신에게 화내지 말라

28   너는 이 사람에게 화를 냈다가 또 저 사람에게 화를 낸다. 때로는 노예에게, 때로는 (노예 신분에서 해방된) 자유민에게 화를 낸다. 이번에는 부모에게 화를 내고 다음에는 아이들에게, 지인에게, 나중에는 낯선 사람에게도 화를 낸다. 너의 마음이 나서서 너그러운 처분을 바라지 않는다면 도처에 화낼 이유들은 널려 있다. 너는 여기 이 사람 때문에 화에 사로잡혔다가 또 저기 저 사람 때문에 화에 붙잡힌다. 너를 화나게 할 만한 일이 새록새록 끊이지 않기에 너의 광기도 끝이 없을 것이다. 불행한 이여, 이리 오시게나. 과연 네가 사랑을 느껴볼 수나 있을까? 아, 너는 좋지도 않은 일에 귀한 인생을 얼마나 낭비하고 있는가!

누군가의 지위나 그의 집이나 그의 사람들이나 무엇에든 조금이라도 나쁜 짓을 할 수 없나 두리번거리는 것보다는 벗을 사귀고, 적을 달래고, 공공의 이익을 위해 봉사하고, 집안일에 힘쓰는 것이 얼마나 더 나은 일인가! 너와 갈등하는 상대에게 해를 입히려고 노력하는 것은 아무리 그가 너보다 하수라고 해도 반드시 위험스런 저항에 부딪히게 마련이다.

가령 네가 원하는 대로 상대에게 고통을 줄 수 있도록 그가 온몸이 사슬로 꽁꽁 묶인 채로 네게 넘겨진다고 해보자. 더러는 채찍질을 하다가 과도하게 힘이 들어가 도리어 자기 어깨관절이 나갈 수도 있고, 무력할 줄 알았던 상대가 이가 부서지도록 세게 물어서 네 근육이 깊은 손상을 입을 수도 있다. 상대가 저항할 수 없는 상태임에도 불구하고 화는 많은 사람을 불구로 만들고 무능력하게 만들었다. 자신을 파괴하려는 자를 위험에 빠뜨리려는 시도조차 안 해볼 정도로 약한 존재는 없다. 어떤 때는 고통이, 어떤 때는 기회가 약한 자로 하여금 가장 강한 자에게 필적하게 만든다.

또한 우리를 화나게 하는 많은 것들이 우리를 해롭게 하는 것이 아니라 단지 기분을 상하게 할 뿐이라는 사실을 생각해보라. 누군가가 내게 의도적으로 그런 행동을 한 것인지 아니면 그저 나를 실망시킨 것인지, 그리고 내게서 빼앗은 것인지 아니면 내게 주지 않은 것인지 사이에는 큰 차이가 있다. 하지만 우리는 내게서 앗아간 것과 내게 주지 않는 것, 내 희망의 싹을 잘라버린 것과 그 성취를 잠시 연기한 것, 내게 해가 되는 행동을 하는 것과 단지 그 자신의 이익을 좇아 행동하는 것, 다른 사람을 사랑해서 한 행동과 나를 증오해서 한 행동을 다 똑같은 것으로 간주한다.

사실, 어떤 사람들이 우리에게 적대적인 행동을 하는 데는 정당할 뿐 아니라 고결하기까지 한 이유가 있다. 누군가는 자기 아버지를 위해서, 누군가는 자신의 형제를 위해, 또 어떤 이는 자신의 조국을 지키려고, 또 다른 이는 벗을 위해서 우리에게 맞서기도 한다. 그러나 우리는 그들이 오히려 하지 않았다면 분명 비난했을 행동을 했다는 이유로 그들을 용서하려 들지 않는다. 뿐만 아니라 우리는, 믿기지 않지만 어떤 행위 자체는 높이 평가하면서 그 행위자에 대해서는 비난하는 일이 흔하다.

그러나 진실을 말하자면, 공명정대하고 위대한 인간은 적에서도 가장 용감한 자들, 자신들의 자유를 지키고 조국을 수호하는 데 흔들림이 없는 자들을 존경하며, 그런 사람들이 자신의 동료 시민이 되고 전우가 되어주기를 희망한다.

29 네가 칭찬할 만한 사람을 증오하는 것은 추하다. 그러나 네가 가엾게 여겨야 마땅한 사람을 증오하는 것은 더욱 추하다. 포로로 잡혀 갑자기 노예의 신분으로 떨어진 자가 자유인으로 살던 습관이 일부 남아서 지저분하고 힘든 노동에 얼른 달려들지 않거나, 예전에 편하게 사는 데 길이 들어서 주인의 마차를 따라잡을 만큼 빨리 뛰지 못한다든가, 며칠을 계속해서 힘든 일을 해서 잠에 취해 정신을 못 차린다든가, 도시에서 마치 휴일 같은 노예생활을 하다가 갑자기 시골

로 와서 농사일이나 힘든 일에 적응을 못한다든가 하는 것은 가엾게 여겨야 하는 경우다.

우리는 어떤 일을 할 능력이 없는 것과 할 생각이 없는 것을 구분해야 한다. 먼저 화부터 내지 말고 가만히 판단을 해보면 많은 이들이 너의 화로부터 놓여나게 될 것이다. 그러나 실제로는, 우리는 최초에 마음이 시키는 대로 버럭 화를 냈다가 그럴 만한 이유도 없는데 공연히 화를 낸 걸로 보이지 않으려고 계속 밀고 나간다. 무엇보다 공정하지 못한 것은 우리의 화가 타당하지 않다는 사실 때문에 우리가 더 고집스러워지는 것이다. 우리는 마치 심각하게 화가 난 것이 그 화의 정당성을 입증하는 것인 양, 그 화를 붙잡고 자꾸만 더 크게 키운다.

30   맨 처음에 그것이 얼마나 하찮은 것이었으며 얼마나 무해한 것이었는지를 자세히 살피는 것이 좋다. 말 못하는 짐승들에게서나 일어나는 그런 일을 우리는 사람들에게서도 발견한다. 우리는 아무것도 아닌 하찮은 일에 기분이 언짢아진다. 수소는 붉은 색을 보면 흥분하고, 독사는 그림자를 향해 머리를 쳐들며, 곰과 사자는 천 조각에 자극을 받는다. 거칠고 사납게 타고난 짐승들은 하찮은 것들에 동요한다.

성격이 침착하지 못하고 머리가 둔한 사람들에게도 똑같은 일이 일어난다. 그들은 자기 주변에서 일어나는 일에 대해 의심을 품는다. 어느 정도냐 하면, 때로 그들은 사실은 적당한 호의라고 할 만한 것에 대해 〈피해〉라고 이름 붙이는데, 이것이 화에 불을 붙이는 가장 흔한 이유가 된다. 그리고 그러한 화가 가장 날카롭기까지 하다. 왜냐하면 우리는 가장 가까운 사람들이 우리가 생각하는 것보다, 또는 그들이 다른 사람들에게 준 것보다 우리에게 적게 준다는 이유로 그들에게 화를 내기 때문이다. 둘 중에 어느 쪽이든 해결책은 있다.

우리보다 다른 누군가가 더 후한 대접을 받았다고 생각해보자. 우리는 남과 비교하지 말고 자신이 가진 것을 기뻐해야 한다. 자기보다 더 행복한 사람들 때문에 괴로움을 느끼는 사람은 결코 스스로 행복할 수가 없다. 내가 기대보다 적게 받았다고 생각해보자. 그렇다면 내가 너무 많이 바랐던 것이다. 우리는 다른 것보다 이 부분에서 생겨나는 화를 두려워해야 한다. 왜냐하면 그것이 가장 파괴적이고, 우리가 무엇보다 신성하게 가슴에 품어오던 모든 것들을 공격하려 들기 때문이다.

율리우스 카이사르를 죽인 자는 적이라기보다 벗이었다. 그가 그들의 끝없는 욕망을 채워주지 않았기 때문이었다. 물론 그는 그렇게 해주고 싶었다. 승리에 대해 그보다 더 관대하게 베푼 사람은 없었으며 실제로 그가 자신을 위해 취한 것이라고는 전리품을 배분하는 권리 밖에는 없었다. 하지만 대체 그들의 끝없는 욕망을 어떻게 채워줄 수 있단 말인가? 단 한 사람이 권력으로 취할 만한 것을 모두가 갈망했으니 말이다.

그리하여 그는 자신의 동료 군인들이 검을 뽑아들고 옥좌를 에워싸고 있는 모습을 보았다.

바로 얼마 전까지 그의 파벌을 가장 열렬하게 수호해주었던 틸리우스 킴베르, 그리고 폼페이우스가 죽고 나서야 비로소 폼페이우스 편에 서게 된 자들이었다.[12] 이러한 종류의 화는 왕의 수하들이 그를 향해 칼을 겨누게 만들었고, 그의 면전에서 그를 위해 죽기를 맹세했던 가장 충성스런 자들이 그를 죽일 음모에 가담하게 만들었다.

31

남들이 가진 것에 눈을 돌리는 사람은 자신의 것에 만족하지 못한다. 그래서 우리는 자기 뒤에 얼마나 많은 사람들이 있는지는 생각하지 않고 다른 사람이 자기보다 앞서 있다고 해서 신들에게도 화를 낸다. 그는 부러움으로 자

---

12 폼페이우스에 맞서 카이사르를 섬겼던 자들이 카이사르를 제거하기 위한 음모에 가담했는데, 그 중에는 틸리우스 킴베르도 끼어 있었으며 그가 카이사르에게 다가가는 것이 공격의 신호였다. 또한 폼페이우스를 도운 것에 대해 카이사르가 용서해주었던 사람들, 특히 마르쿠스 브루투스도 그의 암살에 가담했다.

■ ■ ■ 기원전 44년 3월 15일 원로원 회의장에서 카이사르의 암살이 자행되는데, 카이사르와 함께 갈리아 전쟁과 내전을 치른 그의 부하들이 이 암살에 가담한다. 카이사르는 무려 23군데가 찔렸는데, 그 중 가슴에 받은 두 번째 상처가 치명적이었다.

■ ■ ■ 죽음을 깨달은 카이사르는 토가 자락을 몸에 감으면서 쓰러진다. 오랜 정적이었던 폼페이우스의 입상 바로 밑에 그의 시신이 널부러져 있다. 암살자들은 환호하고 있다.

신의 뒤를 따르는 수많은 사람들이 있다는 사실은 알지 못한 채 소수의 사람들을 시기한다. 인간들이란 얼마나 경우가 없는 지, 자기가 아무리 많이 받았어도 더 받을 수 있었는데 못 받은 것을 부당하다고 여긴다.

"그는 내게 법무관 자리를 주었지만 내가 바랐던 것은 집정관의 직위였다. 그는 내게 열두 개의 파스케스[13]를 주었으나 나를 정집정관[14]으로 만들어주지는 않았다. 그는 역년에 내 이름을 붙이고 싶다고 말했지만 나는 아직 제사장이 아니다.[15] 그는 나의 사회적 지위는 한껏 올려주었지만 재산에는 조금도 보탬이 되지 않았다. 그는 내게 주어야 할 것만 주었지 자신이 알아서 챙겨준 적은 없다."

그보다 이미 네가 받은 것에 대해 "감사합니다."라고 말하

■

13 막대기 다발 속에 도끼를 끼운 것으로 집정관이나 행정장관의 권위의 표지다.

14 집정관consul은 고대 로마의 관직으로, 실제로 황제 다음의 권력의 자리다. 집정관의 임기는 일 년이며 그 후에는 전직 집정관proconsul이 되는데 전직 집정관만이 속주 총독이 될 수 있었다. 집정관은 매년 선거를 통해 선출되는데 첫 번째 집정관이 정집정관이고 두 번째 집정관은 그를 돕는 보좌 집정관이다. 동양에서는 연호로 역년을 헤아렸다면 로마에서는 정집정관의 이름을 그 해의 이름으로 정했다.

15 로마 초기에는 황제가 종신직인 최고 제사장의 자리를 맡았고 일반 제사장들은 축제나 제의 등을 관장했는데 대개 정치인들이 명예직처럼 겸직했고 모두 민회에서 선거로 선출되었다.

라. 그 나머지에 대해서는 기다리고, 아직 네가 가질 수 있는 것을 다 갖지 못했음을 기뻐하라. 뭔가 바라는 것이 있다는 것은 인생의 즐거움 중에 하나다. 네가 다른 모든 사람들보다 앞섰다고 해보자. 네 친구의 마음속에서 네가 우선이라는 사실에 기뻐하라. 많은 이들이 너를 앞섰다고 해보자. 네 앞보다 뒤에 얼마나 많은 사람들이 있는지를 잊지 마라. 너의 최대 결점이 무엇인지 알고 싶은가? 너의 계산법은 틀렸다. 너는 자신이 준 것은 크게 생각하고 받은 것은 대수롭지 않게 여긴다.

32 상황에 따라서 우리가 화를 억제하는 데는 여러 가지 이유가 있을 것이다. 어떤 사람에 대해서는 두려움 때문에, 어떤 사람에 대해서는 존경심 때문에, 또 다른 사람들에 대해서는 그럴 가치조차 없어서 화를 참는다. 만일 우리가 서툴고 질이 나쁜 노예를 그냥 노역장으로 보내버린다면 그것은 틀림없이 대단한 일을 한 것이다. 왜 우리는 주저하지 않고 채찍으로 손이 가고 당장에 정강이를 부러뜨리려고 하는가? 잠시 시간을 갖는다고 해서 그런 행동을 할 우리의 권한이 사라지는 것은 아니다.

우리 자신이 명령을 내릴 때가 오기를 기다려라. 지금 너는 화가 시키는 대로 말을 하게 된다. 시간이 지나 화가 가라앉으면 그 불평에 얼마만큼의 가치를 부여해야 할지 보일 것이다. 우리는 바로 이 부분에서 주로 잘못을 저지른다. 우리는 검을 쓰려고 하고 극형에 의존하려 한다. 아주 가벼운 벌로 버릇을 가르쳐야 할 일에 대해 우리는 족쇄를 찾고 감옥에 가두고 굶기려고 한다.

반론: "어떻게 당신은 우리가 부당한 피해인 것처럼 생각하는 그 일이 실은 하찮고, 한심하고, 유치하다는 것을 가슴에 새기라고 명령할 수 있습니까?"

내 입장에서는 그저 위대한 정신의 소유자가 되라고 권고할 뿐이다. 그러면 우리로 하여금 송사를 벌이고 헐떡거리면서 이리저리 정신없이 뛰어다니게 만드는 그 일이 얼마나 천박하고 하찮은 일인지 보일 것이다. 고결하고 훌륭한 것이 무엇인지 상상할 수 있는 사람이라면 그런 하찮은 일에는 눈을 돌리지 않을 것이다.

33 돈 문제에 관해서라면 고함소리가 끊일 날이 없다. 법정을 녹초가 되게 하고, 아비와 자식이 싸우게 만들고, 독을 타고, 암살자들과 군단의 손에 검을 쥐게 만드는 것도 돈이다. 돈은 우리의 피로 붉게 물들어 있다. 돈 때문에 남편과 아내가 밤마다 시끄럽게 말다툼을 벌이고, 돈 때문에 군

중이 재판석 주위로 물밀듯 밀려든다. 황제들이 수백 년의 노역으로 세워진 나라를 장악하고 파괴하고 잿더미로 변한 도시를 쑤시고 다니며 금은을 찾게 만드는 것도 돈 때문이다.

우리는 집 안의 비밀스런 곳에 잘 보관해둔 돈자루를 쳐다보기만 해도 좋다. 그러나 눈알이 튀어나오도록 소리를 지르고 법정마다 고함소리가 울려 퍼지고, 먼 곳에서 불려온 재판관들이 어느 쪽의 욕심이 더 정당한가를 판가름하기 위해 그 자리에 앉아 있는 이유도 실은 다 돈 때문이다.

상속자 한 명 없이 곧 죽어갈 운명인 노인이 화가 나서 어쩔 줄 모르고 있는 이유가 돈자루 때문이 아니라, 한 줌의 동전 때문에 혹은 노예가 비용으로 청구한 은화 한 닢 때문이라면 어떻겠는가? 심한 관절염으로 손발이 변형되어 돈을 세기도 어려워 보이는 병든 고리대금업자가 한 달에 1리의 이자 때문에 고래고래 소리를 지르면서 채무자에게 사후지급날인 채무증서를 써달라고 난리법석을 피우고 있다면 어떤가?

혹시 네가 지금 이 순간 광산에서 채굴을 통해 얻어지는 돈을 전부 내 앞에 내놓더라도, 혹시 네가 금고에 몰래 숨겨놓은 재산(한때 발각되었던 것을 탐욕이 도로 땅속에 갖다 넣었기를!)을 모두 내 눈앞에 가져다 놓는다 해도 선한 사람이 못마땅하게 여겨 눈살 한 번 찌푸릴 만한 가치도 없다고 나는 생각한다. 지

금 우리가 눈물을 흘리고 있는 일들 중에 그저 웃어넘길 수 있는 일들이 얼마나 많겠는가!¹⁶

그저, 조금 뒤로 물러나 껄껄 웃어라!

34   자, 그 밖에 화를 자극하는 것들에 대해 네 머릿속을 죽 한 번 훑어보자. 음식과 술, 마치 그 자체가 목적인 것처럼 보이는 세련되고 까다로운 취미, 모욕적인 말들과 몸짓, 너를 존중하지 않는 듯한 태도, 말을 듣지 않는 가축, 게으른 노예, 의심, 다른 사람의 말에 대한 악의적 해석. 다른 사람의 말을 제멋대로 곡해하는 것은 인간이 말을 할 줄 안다는 것을 오히려 자연이 우리에게 끼친 해악으로 간주하게 만든다. 내 말을 믿어라. 우리가 정색을 하고 화를 내는 그 일은 대수롭지 않은 일이며, 아이들을 치고받고 싸우게 만드는 그런 일들과 다를 바가 없다.

우리가 심각한 표정으로 수행하고 있는 일들 중에 심각하거

---

16   죽는 날까지 웃음을 잃지 않았던 웃음의 철학자 데모크리토스가 "한 걸음 뒤로 물러나서 껄껄 웃어라."고 말했던 데서 나온 말이다.

나 중요한 일은 하나도 없다. 이는 화가 광기의 한 형태이며, 네가 하찮은 일에 대단한 가치를 부여하고 있기 때문이다. 이 자는 내 유산을 빼앗으려 하고, 저 자는 내가 재산을 물려받으려고 오랫동안 공을 들여온 사람에게 나를 비난했다. 이 사람은 내 여자를 탐하고 있다. 애정으로 얽혔다는 것―공통된 욕망을 가졌다는 것―은 분쟁과 증오의 원인이 된다. 좁은 길에서는 통행자들 간에 충돌을 피할 수 없지만 넓게 트인 대로에서는 모든 시민이 다 나온대도 그럴 일이 없다. 네가 탐하는 것이 하찮은 것이기에, 남에게서 빼앗지 못하면 가질 수 없는 것이기에 네가 추구하는 것으로 인해 사람들 사이에 내분과 증오가 일어난다.

35 너는 노예가, 해방노예가, 네 아내가, 혹은 부하가 말대답을 하는 것에 분개한다. 너는 집 안에서 식구들이 자유롭게 말도 못하게 하면서 공동체가 자신의 자유를 박탈했다고 비난하고 불평한다. 반대로, 네가 묻는 말에 노예가 묵묵부답이면 너는 반항하는 거냐고 화를 낸다.

말을 해도 탈이고 안 해도 탈이다. 심지어 웃는 것도 잘못이라고 한다! "주인 앞에서 웃는단 말입니까?" 너는 묻는다. 아니다. 그 집안을 이끌어가는 아버지 같은 존재 앞에서 웃는 것이다.[17] 왜 소리를 지르는가? 왜 야단법석을 떠는가? 어째서 너의 노예가 떠들었다고 저녁을 먹다말고 채찍을 찾는가? 군중이 모여 집회를 갖는 장소에서 정적을 기대할 수는 없다.

너의 두 귀는 합당한 말, 달콤하고 부드러운 소리만 들으라고 달려 있는 것은 아니다. 너는 웃는 소리, 우는 소리, 부드러운 말과 비참한 말, 좋은 소식과 나쁜 소식, 사람의 목소리와 동물이 짖거나 우는 소리를 모두 들어야 한다. 가련한 자여, 왜 너는 노예의 고함소리, 물건이 부딪쳐 쨍 하는 소리나 문이 꽝 닫히는 소리에 부르르 떠는가? 너의 귀가 그렇게 예민해도 아마 천둥소리를 듣지 않을 재주는 없을 것이다.

지금까지 내가 귀에 대해 말한 내용을 눈으로 옮겨보라. 이것 역시 네가 잘 단련시키지 않으면 언제까지나 혐오감에 시달리게 된다. 너는 얼룩이 지거나 더럽거나 반짝반짝 광이 나지 않는 은그릇이나 바닥까지 투명하게 비쳐 보이지 않는 연못 때문에 심기가 상한다.

열심히 닦아서 대리석 바닥이 제 색깔을 내고 반짝이지 않으면, 식탁의 표면이 매끈하지 않으면 너는 견디지 못한다. 집에

---

17 로마의 가장은 노예들에겐 무서운 주인이면서 규범적으로는 가족의 자애로운 아버지이기도 했는데, 후자는 가족에게나 노예에게나 모두 해당되었다.

서는 황금보다 고귀한 것만 밟으려는 자가 밖에 나가서는 진흙 투성이의 울퉁불퉁한 길을, 거리에서 마주치게 되는 지저분한 인간들을, 벽에 금이 가고 다 찌그러진 낡은 건물들을 보아도 아무렇지도 않다. 그렇다면 왜 밖에서는 무심히 보아 넘기면서 집에서는 그렇게 까다롭게 구는가? 너는 밖에 나가면 한없이 관대하고 인내심을 보이면서 집에만 오면 불만에 가득 차서 잔소리만 한다.

36 네 감각 또한 강해져야 한다. 마음이 감각을 타락시키는 일을 그만두기만 하면 감각이란 원래 참을성이 있고 무딘하다. 그러므로 너는 매일 마음을 점검하고 다스려야 한다. 이것이 섹스티우스가 사용한 방법이다. 하루해가 저물면 그는 잠자리에 들면서 자신에게 이렇게 물었다.

"오늘은 네 마음의 악덕 중에서 어떤 것을 고쳤는가? 너는 오늘 어떤 악덕에 저항했는가? 어떤 점에서 너는 조금이라도 나아졌는가?"

매일 재판관 앞에 호출되어야 한다는 것을 알면 너의 화도 그칠 것이고 좀 더 통제가 될 것이다. 하루의 일상을 꼼꼼히 들여다보는 것보다 더 좋은 습관이 있겠는가? 이러한 자기 성찰 후에 찾아오는 잠이란 어떤 것일까? 자신의 마음에 대해 칭찬할 것은 칭찬하고 책망할 것은 책망한 뒤에, 아무도 모르는 비평가와 검열관에게 자신의 성격을 평가받은 뒤에 찾아오는 잠은 얼마나 평안하고, 얼마나 깊고, 얼마나 조용하겠는가!

나 역시 이러한 재판의 형식을 빌어 매일같이 나 자신에 대해 변론을 한다. 불을 끄고 자리에 누워, 이제 완전히 나의 것이 된 습관을 아는 아내가 옆에서 조용히 잠이 들면, 나는 하루 동안 있었던 일들과 나의 언행을 꼼꼼히 반추한다. 나 자신을 속이는 일도 없고 어떤 것도 그냥 지나치지 않는다. 내가 다음과 같이 말할 수 있는데 왜 잘못을 인정하는 것을 두려워하겠는가?

"이번은 용서할 테니 두 번 다시는 그런 행동을 하지 않도록 조심해라. 오늘 토론에서 너는 너무 시비조로 말했다. 자기가 무슨 말을 하는지도 모르는 사람들과는 앞으로는 얽히지 마라. 이제까지 아무것도 배우지 못한 자는 앞으로도 배우기를 원치 않는다. 그 사람에게는 필요 이상 솔직히 충고를 했다. 그 결과 너는 그 사람의 잘못을 고친 것이 아니라 기분만 상하게 했을 뿐이다. 다음에는 네가 하는 말이 진실이냐 아니냐만 염두에 두지 말고, 그 말을 듣는 상대가 진실을 받아들일 수 있는 사람인지도 함께 생각해라. 좋은 사람은 충고를 기꺼이 받아들이지만 그렇지 못한 사람은 지적을 받으면 이를 분하게 생각한다."

37 "연회에서 어떤 사람이 짓궂은 농담을 하고 네게 상처를 주려고 함부로 던진 말이 네 화를 돋운다. 천박한 무리들은 피하는 것이 상책임을 잊지 말라. 그들은 맨 정신일 때도 부끄러움을 모르는 사람들이기에 술이 들어가면 허용 한계에 대한 개념이 더 허물어진다.

법관이나 부자의 집에서 대문을 지키는 문지기가 그 집에 들어가려는 네 친구를 밀치는 것을 보면 너 자신이 친구의 편에 서서 화를 내게 된다. 그렇다면 너는 쇠줄로 목이 묶인 개에게도 화를 낼 것인가? 개는 아무리 시끄럽게 짖어도 먹을 것을 던져주면 조용해진다.

조금 뒤로 물러나서 껄껄 웃어라! 소송을 하려고 밀려드는 사람들로 쇄도하는 문간을 지키면서 그 문지기는 자기가 뭐라도 된 것처럼 군다. 운이 대단히 좋아 그 집 안에 누워 있는 자는, 사람들이 쉽게 들어설 수 없는 대문이 곧 자신의 부와 권력을 상징한다고 생각한다. 세상에서 가장 견고한 문은 감옥문이라는 사실을 그는 모른다. 어쩔 수 없이 네가 참아야 할 것들이 있다. 겨울에 추운 것은 당연하다. 그렇지 않은가? 바다에 배를 타고 나가면 멀미가 나고, 붐비는 길을 가면 사람들과 부딪히는 것은 이상할 게 없다. 각오가 되어 있는 일은 담대한 마음으로 맞이할 수가 있다. 네가 초대를 받은 곳에서 별로 눈에 띄지 않는 자리에 앉게 되었다 하여 동료 손님들에게, 초대한 주인에게, 너보다 상석에 앉은 사람들에게 공연히 심통이 나기 시작한다. 딱한 자여, 긴 의자의 어느 부분에 너의 엉덩이를 걸쳤는가가 그렇게 중요한가? 그렇다면 네가 베고 자는 베개가 너를 영예롭게 만들기도 하고 수치스럽게 만들기도 하는가?

어떤 사람이 너의 재능을 나쁘게 말했다고 해서 너는 그를 곱지 않은 눈길로 노려보았다. 이것이 너의 행동 원칙인가? 그렇다면 너는 엔니우스의 시를 좋아하지 않으니 그는 너를 증오했어야 하고, 호르텐시우스는 네가 그의 연설을 칭찬하지 않으면 적대감을 드러낼 것이며, 키케로도 자신의 시를 비웃은 너를 적으로 여겨야 마땅할 것이다. 너는 사람들의 평가를 받기를 기다리는 후보자로서 결과를 담담하게 받아들일 각오가 되어 있는가?"

38

"누군가가 너를 모욕했다고 해보자. 그렇다 한들, 스토아 철학자인 디오게네스가 당한 모욕만큼 심하겠는가? 디오게네스가 화에 대해 강연을 하고 있을 때 한 무례한 청년이 그의 얼굴에 침을 뱉었다. 그는 조용히 이를 참으면서 이렇게 말했다.

"사실 나는 화가 안 나는데, 지금 화를 내야 하는 건 아닌지

그걸 모르겠네."

우리의 카토는 그보다 한술 더 떴다. 그가 재판에서 변론을 하고 있을 때 우리 아버지 대에 성격이 사납고 불화를 일으키고 다니기로 악명 높은 정치가였던 렌툴루스가 입 안에 가래침을 잔뜩 모아서 그의 얼굴에 정면으로 탁 뱉었다. 카토는 침을 닦으며 이렇게 말했다.

"자네더러 재주가 없다고 말하는 모든 이들에게 내가 증인이라도 서야겠군. 아주 특출한 재주를 가졌다고 말일세."

타인의 화를 진정시키는 법

39 노바투스여, 지금까지 우리는 마음의 평정을 유지하는 법에 대해 충분히 얘기했다. 그것은 바로 마음이 화를 느끼지 않게 하거나 혹은 마음을 화보다 강하게 만드는 것이다. 이번에는 타인들의 화를 어떻게 하면 진정시킬 수 있는지 알아보자. 그 이유는 우리 자신도 제정신으로 살고 싶지만 남들도 제정신으로 살아주기를 원하기 때문이다.

화가 처음에 끓어오르는 순간에는 남의 말이 들리지도 않고 마음도 정상이 아니기에 그때 섣불리 말로써 화를 진정시키려고 나서는 사람은 없을 것이다. 그럴 때는 시간을 좀 주자. 화가 조금은 누그러져야 치료법이 통한다. 우리는 눈이 잔뜩 부어올랐을 때 비비거나 만지지 않는다. 공연히 손을 대거나 만지는 것은 환부를 더 성나게 하기 때문이다. 다른 부위에 염증이 생겼을 때도 마찬가지다. 병의 초기 단계에는 안정이 최선이다.

반론: "화가 저절로 가라앉은 다음에 화를 진정시키는 방책을 쓰는 것이 무슨 소용이 있습니까?"

우선, 화를 조금 더 빨리 가라앉히는 데 도움이 된다. 그다음으로 그것이 재발하지 않도록 감시한다. 비록 처음에 폭발되는 화를 진정시키려는 시도는 감히 못하지만 그것을 현혹시켜 비껴가게 할 수는 있다. 그리고 복수의 수단들을 모두 안 보이는 곳으로 치워버릴 수도 있다. 그리고 고통을 공유하는 조력자로서 함께 분노를 느끼는 것처럼 가장해서 자신의 충고가 좀 더 영향력을 갖게 할 수도 있다. 그리고 화를 늦추고 시간을 벌면서 즉각적인 보복을 막을 방안들을 생각해낼 수 있다.

또한 화를 잠시라도 진정시키기 위해 모든 수단을 사용할 수 있다. 화를 내는 사람이 거부할 수 없는 두려움이나 수치심을 느끼게 할 수도 있다. 화가 비교적 약할 경우에는 그가 좋아할 다른 화제나 재미있고 신기한 이야기를 꺼내서 잠시 주의를 돌려놓을 수도 있다. 한 가지 사례를 들어보겠다. 한 의사가 황제의 딸을 치료해야 할 상황에 놓였는데 수술을 하지 않고서는 방법이 없었다. 그래서 그는 부드러운 헝겊 속에다가 수술칼을 숨겨서 부어오른 공주의 가슴을 문지르다가 메스를 댔다. 대놓고 수술칼을 사용하려고 했다면 공주는 당연히 발버둥을 치며 저항했겠지만 전혀 예상치 못했기에 고통을 참아냈다. 이처럼 속임수를 써야만이 해결될 수 있는 것도 있다.

40 어떤 사람에게는 이렇게 말하라.

"조심하시오. 당신의 화가 적들에게 기쁨이 되지 않도록."

또 다른 사람에게는 이렇게 말하는 것이 좋을 것이다.

"조심하십시오. 위대한 정신을 잃어버리고 많은 사람들이 믿어마지 않는 당신의 굳건한 명성이 무위로 돌아가지 않도록. 진실로 말하자면 저 역시 분합니다. 뭐라 말할 수 없이 괴롭기도 합니다. 하지만 우리는 적절한 때가 오기를 기다려야 합니다. 그는 죄값을 받을 것입니다. 이것만 잊지 말고 마음에 새겨두십시오. 언젠가 그것이 가능해질 때, 오늘 참은 것까지 더해서 되돌려 주겠다고요."

그러나 화난 사람을 질책하고 도리어 이쪽에서 화를 내는 것은 그들을 더 자극할 뿐이다. 다양한 방법으로 접근하고 승산이 있는 수를 써라. 만일 네가 상대의 화를 압도할 정도로 힘이 있는 인물이 아니라면 말이다. 신성 아우구스투스가 베디우스 폴리오와 함께 만찬을 할 때 있었던 일이다. 그의 노예가 수정 유리컵을 떨어뜨려 박살이 났다. 베디우스는 색다른 방식으로 그를 죽일 작정으로 당장 그를 잡아오게 했다. 그는 그 노예를 칠성장어들이 우글거리는 자기 집 연못에 던져버리라고 명했다. 사람들은 이런 일이 일어난 것을 베디우스의 사치스런 기호와 과시욕 때문이라고 생각할지 모르나 그것은 사실 그의 잔학성 때문이었다.

  노예는 자신을 잡고 있는 손을 뿌리치고 카이사르에게 달려가 그의 발밑에 엎드렸다. 그리고는 다른 방법으로 죽어도 좋으니 제발 물고기 밥이 되지는 않게 해달라고 빌었다. 듣도 보도 못한 베디우스의 잔인함에 충격을 받은 카이사르는 그 노예를 풀어주라고 명하고, 자신의 눈에 보이는 수정으로 만든 잔을 모두 깨뜨려서 그 연못을 메우라고 명령했다. 카이사르는 자신의 힘을 이용해 적절하게 친구를 질책했던 것이다.

  "그대는 연회 도중에 사람을 잡아서 새로 고안한 보복의 방법으로 사지를 찢어 죽이려는가? 그대의 유리잔이 깨어졌으니 그런 잘못을 한 인간도 똑같이 당해야 한다는 말인가? 그대는 카이사르의 면전에서 한 사람에 대한 처형을 명할 만큼 스스로에게 취해 제멋대로 행동하는가?"

이 정도로 막강한 힘이 있는 사람은 우월한 위치에서 타인의 화에 접근하고 그것을 거칠게 다루어도 되겠지만, 내가 앞서 말했던 것처럼 야만적이고 피에 굶주린 화는 자기보다 훨씬 더 힘센 상대를 두려워하게 만들지 않고서는 대처가 불가능하다.

화를 내며 보내기에는 우리의 인생은 얼마나 짧은가

41   우리는 마음이 평화를 누리게 해야 한다. 그리고 그런 평정은 끊임없는 성찰과 바른 가르침, 공명정대한 행동, 그리고 오직 고결한 목표에 대한 추구에 생각을 집중함으로써 얻어지는 것이다. 자신의 양심에 비추어 만족스럽게 행동하되, 남들에게 좋은 평판을 얻으려 애쓰지는 말라. 악평이 너를 따라다닌다 해도 그것이 선한 행동으로 말미암은 것이라면 신경 쓰지 말라.

"하지만 대중들은 기백이 넘치는 사람을 높이 평가합니다. 무모하게 덤벼드는 사람들은 존경을 받고, 온유한 사람들에게는 무능하다는 평가가 돌아옵니다."

얼핏 보기에는 그럴지 모른다. 하지만 너의 한결같은 인생의 행로가 무기력한 탓이 아니라 마음의 평정 덕분이었다는 확신이 생기면 바로 그 평범한 대중들이 너를 존경하고 우러러보게 될 것이다.

그러므로 더럽고 적의에 찬 격정은 아무런 유익함이 없다. 반대로 그것에는 해악이 있을 뿐이다. 그것은 검이며 불이다. 화가 양심의 가책과 부끄러움을 모두 짓밟으면 그것은 우리의 손을 살육으로 물들이고, 어린 아이들의 사지를 찢고, 온갖 범죄를 거리낌 없이 저지르고, 영광은 까맣게 잊고, 오명 따위는 아랑곳하지 않는다. 일단 화가 굳어져 증오가 되면 그것은 도저히 치유가 불가능하다.

42 우리는 이 악덕으로부터 자유로워져야 한다. 우리의 사고를 깨끗이 정화하고 이 악덕의 뿌리를 철저히 뽑아버려야 한다. 조그만 흔적이라도 남겨두면 어디든지 들러붙을 곳이 있을 때 다시 자라날 것이기 때문이다. 그래서 화는 적절히 통제하는 것이 아니라 완전히 〈제거〉하는 것이 옳다. 근본적으로 나쁜 것을 무엇 때문에 적절히 통제한다는 말인가? 게다가 그것은 우리가 열심히 노력하기만 하면 성공할 수 있는 일이다.

그것을 위해 노력하는 데에 우리 자신의 숙명적인 죽음을 생각하는 것보다 더 도움이 되는 것은 없다. 누구든 자기 자신에게나 남들에게 이렇게 말해야 한다.

"마치 영원히 살 것처럼 적과의 반목을 선언함으로써 우리에게 주어진 짧은 인생을 허비해서 어쩌자는 것인가? 고결한 기쁨을 위해 사용하도록 우리에게 허락된 날들을 다른 이들을 괴롭히는 데 바치는 것이 무슨 이득이 있는가?"

네가 진정으로 관심을 두는 일들을 하기에도 부족한 시간이다. 네겐 헛되이 낭비할 시간이 없다.

너는 왜 서둘러 전쟁터로 달려 나가는가? 무엇 때문에 갈등을 자초하는가? 우리는 왜 자신이 약세임을 잊고 터무니없는 앙심을 품고는 다른 사람을 무너뜨리기 위해 일어서다가 스스로 허망하게 부서지고 마는가? 아무리 우리가 가슴 깊이 원한을 품고 적의를 불태워도 언젠가는 열병이나 우리 몸의 다른 질병이 그것을 방해할 날이 올 것이다. 그리고 언젠가는 필사적으로 싸워대는 두 사람 사이에 죽음이 끼어들어 영원히 둘을 갈라놓을 것이다.

왜 우리는 서로 이리저리 쪼개져서 소동에 끼어들고 자신의 인생을 혼란 속에 내던지는가? 운명이 머리 위에서 우리를 내려다보면서 하루하루 과거가 되어 스러져가는 시간들을 정확히 헤아리고 있다. 그리고 그 운명은 점점 더 가까이 우리에게 다가오고 있다. 네가 마침내 타인을 죽음에 이르게 했다고 기록하는 그날이, 아마도 너 자신의 죽음이 예정된 날일지도 모른다.

43   자신의 짧은 인생을 소중히 여기고 너 자신과 타인을 위해 삶을 평화로운 것으로 만드는 것이 어떻겠는가? 사는 동안에는 모든 사람들에게 사랑받고, 죽어서는 그들이 그리워하도록 만드는 것이 어떻겠는가? 어째서 너는 고압적으로 너를 대하는 저 사람을 끌어내리고 싶어 하는가? 왜 너를 향해 짖어대는 사람—천하고 비열하지만 윗사람을 화나게 만들고 짜증나게 하는—을 손봐주는 데 자신의 권력을 사용하려고 하는가? 너의 노예에게, 주인에게, 황제에게, 너의 부하에게 왜 화를 내는가? 조금만 기다려라—그리고 보라—죽음이 너희를 모두 똑같게 만들리니!

종종 우리는 아침에 원형투기장에서 황소와 곰을 밧줄로 한데 묶어놓고 싸움을 시킨 다음 이를 구경한다. 서로를 공격하고 괴롭히다가 그들이 마침내 지쳐 떨어지면 마지막엔 그들의 숨통을 끊으려고 기다리고 있는 사형집행인에게 넘겨진다. 우리가 자신과 한데 묶인 누군가를 괴롭히는 것도 다르지 않다.

승리한 자와 패배한 자에게 똑같은 결말이 닥쳐온다. 시간 차이도 얼마 나지 않는다. 우리에게 주어진 얼마 안 되는 시간을 조용하고 평화롭게 보내야 한다. 숨이 끊어진 우리의 시체를 어느 누구도 증오에 찬 눈으로 바라보지 않게 하라.

이웃에서 "불이야!" 하고 터져 나온 고함이 종종 열띤 말싸움을 중단시키기도 한다. 느닷없이 등장한 사나운 짐승이 나그네와 도적을 떼어놓는다. 더 위협적인 두려움이 다가오면 우리는 시시한 적들과 붙어 싸울 겨를이 없다. 왜 싸움과 음모에 관여하는가? 너는 자신이 화를 내는 상대에게 죽음 이상의 것을 바라지는 않을 것이다. 그렇지 않은가? 네가 손가락 하나 까딱하지 않아도 그는 죽을 것이다. 어차피 그렇게 될 일을 일부러 야기하려 애쓴다면 그것은 헛된 노력이다.

반론: "사실 죽이고 싶은 건 아닙니다. 단지 추방을 하거나 망신을 주거나 손해를 보게 하고 싶은 거지요."

나는 적을 두고두고 괴롭히고 싶어 하는 사람보다는 차라리 적을 찌르고 싶어 하는 사람이 더 이해가 되고 그에게 더 관대하다. 전자는 마음이 사악할뿐더러 쩨쩨하기 때문이다. 그러나 네가 생각하는 것이 무거운 벌이든 혹은 그보다 가벼운 것이든 간에 형벌을 받아 괴로워하기에도, 또한 다른 사람이 벌을 받는 것을 보고 사악한 기쁨을 누리기에도 인생은 얼마나 짧은가!

자, 우리가 사람들 사이에 살면서 숨을 쉬고 있는 동안에는 우리를 인간으로 만들어주는 덕목들을 소중히 여기자. 그 누구도 두렵게 하거나 위험하게 만들지 말자. 우리는 손해와 부당한 일, 모욕과 경멸 따위로부터 높이 초월해 있음을 보여주자. 잠깐의 불편함은 넓은 마음으로 참아보자.

우리가 몸을 돌려 뒤를 돌아보는 순간 어느새 죽음이 지척에 와 있을지니.

옮긴이 김경숙

서울에서 태어나 이화여대 영문과를 졸업하고 현재 전문 번역가로 활동 중이다. 『서드 에이지, 마흔 이후 30년』, 『마인드 짐』, 『미친 뇌가 나를 움직인다』, 『화성에서 온 남자 금성에서 온 여자』 등을 우리말로 옮겼다.

화에 대하여

1판 1쇄 펴냄 2013년 1월 7일
1판 14쇄 펴냄 2024년 6월 5일

지은이 루키우스 안나이우스 세네카
옮긴이 김경숙
펴낸이 권선희

펴낸곳 사이
출판등록 제2020-000153호
주소 03938 서울시 마포구 월드컵로 36길 14 516호
전화 02-3143-3770
팩스 02-3143-3774

ⓒ 사이, 2013, Printed in Seoul, Korea.

ISBN: 978-89-93178-19-7 03160

● 잘못된 책은 구입하신 서점에서 교환해 드립니다.